頂点を目指す者たちへ

プロスキーヤー・冒険家
三浦雄一郎×青木仁志
人材育成トレーナー

頂点を目指す者たちへ

三浦雄一郎×青木仁志

帯写真　小谷明
本文写真　株式会社ミウラ・ドルフィンズ
アチーブメント株式会社
小谷明
和知明
装幀　鈴木健一
DTP　山口良二
取材・構成　羽塚順子

はじめに

「誰でも頂点に立つことができる」

と言われたら、あなたはどう思われるでしょう。

「冗談でしょう！　無理に決まっている」

そんな声が聞こえてきそうです。

しかし、本当に無理なことなのでしょうか？

この度、対談のご縁をいただいた三浦雄一郎さんは、プロスキーヤーとして、１９６４年にはイタリアで開催されたキロメーターランセ（現在のスピードスキー）に初の日本人として参加、当時の世界最速記録を樹立された方です。

後に、富士山からの直滑降、エベレスト８０００メートルからは、世界最高地点スキー滑降という前人未踏の記録を打ち立て、その実録映画『THE MAN WHO SKIED DOWN

EVEREST』は、1975年、映画界の頂点であるアカデミー賞（長編記録映画部門）を受賞されました。

さらには、世界七大陸最高峰からの滑降を完全制覇し、その後も70歳と75歳のとき、エベレスト登頂に成功されています。

現在、三浦さんは78歳でいらっしゃいますが、なんと、80歳で再びエベレスト登頂に挑戦されるのだと、今も日々、厳しいトレーニングを積まれています。

20歳の人でさえ、エベレストの頂上では90歳の身体能力にまでレベルダウンしてしまうそうですから、推して知るべし。70歳、75歳、80歳とで挑戦を続けることが、どのような意味を持つかは、我々の想像を絶するものがあります。

一生が冒険であり、一生挑戦。
ひとつの頂点に立てば、また次の頂点を目指す。
まさに、「頂点を目指し続ける生き方」そのものといえます。

誤解しないでいただきたいのは、三浦さんが、決してアスリートとして恵まれた健康な体でいらしたわけではなく、スキーヤー、登山家としてのエリートコースを歩まれてきた方でもないということです。むしろ、驚くほどの逆境と挫折の中からはい上がってこられた方であることが、本書によってもおわかりいただけると思います。

私はといえば、現在、人材教育コンサルティング会社の経営をしています。かつては、ブリタニカでトップセールスとトップマネージャーとして数々の賞をいただきました。その後は19年間、能力開発のトレーナーとして、研修一筋で生きてきました。

3日間にわたる目標達成のための技術研修、「頂点への道」の開講は500回を迎えました。延べ25万人の方に受講していただいたことになります。

よくここまで継続できたと、受講してくださった大勢の方々、関わってくださった皆様に感謝すると同時に、まだ序の口であるとも思っています。

今の私の年齢は55歳ですが、三浦さんの前では〝鼻たれ小僧〟のようなもの。80歳でエベレスト登頂を目指すという挑戦から見れば、誰でもまだまだ、これからできる、やれる、ということです。

この本を手に取られたあなたの年齢はいくつでしょうか？

おそらく、20代、30代か、少なくとも私より年下でしょう。三浦さんにとっては、よちよち歩きのレベルかもしれません。
もし、そんな大きな可能性と未来のある年齢のあなたが、人生を嘆き、諦めかけていたとしたら、非常にもったいないことだと思います。

世の中が不景気である。仕事がない。努力しても報われない。認めてもらえない。夢を持てない。

今、そんなふうに感じている人が大勢いることは、よく理解できます。しかし、不平不満を言い、嘆き、諦めることは、いつでも誰でもできることです。

ここでは一度、視点を変えて、「どうすれば、頂点に立つということができるのか」を、あなた自身のことと捉えて本書を読んでみていただきたいのです。

少なくとも私は、今回の三浦さんとの対談の中で、「誰でも何かしらのジャンルで頂点に立つことが可能である」と強く確信し、私自身、「ぜひともそうなりたい」「会社の社員全員で頂点を目指し、〝山の頂上〟に登りたい」と思えるほど、大きなエネルギーをいただきました。

若い頃の私は、学歴も家柄もお金も何もない、コンプレックスの塊でした。17歳で北海道から東京に飛び出してきて、小さな鉄工所の住み込み溶接工からスタートしたような人間です。そんな私が今、「さらに高い頂点に立てる」とまで思えるようになっているのです。

あなたにできないはずがありません。

先だって、『一生折れない自信のつくり方』という拙書を出版させていただきましたが、若い方たちから「自分に自信が持てるようになりました」といった感想をいただいて、少しでも私でお役に立てたかと、とてもうれしく思っています。

本書が、あなたの励みとなり、生きる力、勇気を得て、「自分も頂点を目指し、ぜひ実現させたい」と願う、次への大きな一歩となれば、これほどうれしいことはありません。

今を生き抜いて、頂点を目指し、そして歴史に名を残すような存在となること。

「ザ・ファースト・イズ・フォーエバー」を、共に目指しましょう！

２０１０年７月吉日　青木仁志

目次

第一章

情熱とは

大自然の中で仲間と感じる、地球家族の一体感

青木　本日は、心から尊敬申し上げている三浦先生と、こうして貴重なお時間をいただけることに、大変感謝しております。

三浦　こちらこそ、光栄です。青木さんは、自ら講師を務めていらっしゃる研修が、連続開催500回を迎えられるんですよね。おめでとうございます。

青木　どうもありがとうございます。三浦先生を前に、まだまだこれからだと襟を正しているところです。今日は、三浦先生がなぜ次々と前人未踏の記録を打ち立てられたのか、また、今の日本の若い人たちが夢を持ち、生き抜く力をつけるにはどうすればよいか、というお話ができればと思っているんです。

三浦先生が、挑戦を続けてこられた生き様と言いますか、そのお話を伺うことで、日本の若いビジネスパーソンに、夢を持って生きる根本となるエネルギーに火を付けることができるのでは、という気がしているのですが。

三浦　そうですね。若い人たちには、とにかく諦めず、一歩ずつ歩んでいけば夢は叶うのだと、誰にでもチャンスはあるのだと伝え続けていきたいですね。

青木　なるほど。
三浦　僕は、クラーク記念国際高等学校という、全国からいろんな子どもたちが1万人も集まる高校の校長もしているんですよ。
青木　1万人もの生徒さんが。
三浦　ええ。本校は北海道にあるんですが、通信制なんで、全国のあちこちにキャンパスがありましてね。成績優秀な生徒もいれば、不登校やひきこもりで、どの高校にも行けないという生徒もいる。もちろん、年齢も様々で。でも、誰にでもみんなそれぞれの可能性があって、その子なりの個性があるんです。
青木　三浦先生は、どんなきっかけで、校長を始められたんですか？
三浦　クラークの理事長から熱心に誘われたんです。最初は断ってましたが、「何もしない校長はたくさんいるが、三浦さん、あなたはいくつになってもチャレンジする人だ。その精神を生徒に分け与えてください」と口説かれまして。何度も足を運ばれ、根負けしました（笑）。
青木　具体的にどんな指導を？
三浦　北海道に生徒たちを呼んで、スキー教室をしたり、登山したりが中心ですね。もちろん、僕が体験してきたことや世界のことを話したり、あとね、創作童話を朗読することもありますよ。あと、以前、ヒマラヤから生徒たちにビデオメッセージを送ったら、それを見た生徒の一人が「ヒマラヤに登りたい」と言い出したことがありましてね。それをきっかけに、登山経験が豊富な教師たちと一緒に、ヒマラヤのゴーキョ・ピーク、メラピークなんかで練習したんですよ。それから、車椅子の生徒との富士山登山もしました。

青木　すごいですね。

三浦　「ゆっくり自分のペースでいいんだから、頂上まで行こう」と励ましながら、一歩ずつ登るんです。

青木　それはすばらしい。子どもたちにとって、一生の宝物になるような経験でしょうね。学校名に由来する、クラーク博士の「ボーイズ・ビー・アンビシャス」の精神が伝わってきます。

三浦　まさにそうなんですよ。志を持ってやれば何でもできるんだ、ってことをですね、体感してもらいたくてサポートするわけです。それで、たとえ短い期間でも、大自然の中で先生や仲間たちと登山やキャンプをやると、とてつもないものを体中から吸収できるんですよ。

クラーク記念国際高等学校の生徒たちと　2000年、ヒマラヤ　ゴーキョ・ピークにて。

人間が本来持っていた、動物的な感覚が呼び覚まされるといいますかね。壮大な歴史だとか、地球そのものを肌で感じて、ああ、自分も地球のひとつの生き物なんだな、という一体感を持てるんです。

青木　それこそ、一緒にいる仲間や先生たち全員で感じ取れるわけですね。

三浦　そう、地球家族としての一体感。これが今、僕たちの生きている社会で忘れられているものなんですよ。

青木　肌で感じ取る仲間との一体感ですね。まさにそれを、日本中の青少年たちが三浦先生と経験できたら、どんなにかすばらしいだろうと思いますね。教室での座学だけでは絶対にわからない、学べないものですから。

それは、三浦先生ご自身が、子ども時代に経験されたんですか？

三浦　ええ。さんざん無茶をしている今の僕からは、想像できないと思うんですけれどもね、実は子どもの頃、体が小さくて虚弱児だったんですよ。それ以来、ずっと会ってなかった同級生は、病弱なイメージしかなかったから、僕がヒマラヤを登ったことを聞いて、「まさかあの、三浦が？」と信じられなかった、って言うくらい。

そんな僕を少しでも鍛えようと、父がいろんな山に連れて行ってくれたんですね。

青木　お父様は、１００歳まで現役スキーヤーをされていた、三浦敬三さんですね。

父から学んだ自然への敬意、仕事に対する姿勢

三浦　ええ、父は2006年に101歳で亡くなりましたけど、ずっとアマチュアでして、海外の山々でスキーをするようになったのは、還暦過ぎてからなんですよ。長年、プロスキーヤーだったと誤解されてるみたいなんですけど、営林署に勤める公務員だったんです。青森から弘前、仙台、岩手、東京と何度も転勤があって、その度に僕も転校したわけです。

青木　50歳のとき、「もう役所はたくさんだ」と、勝手に辞表を出しちゃった。正直、「どうやって食べていくの?」と思いましたよ(笑)。

三浦　プロスキーヤーではなく、公務員でいらしたんですね。

勤めながらもね、ずっとスキー、山岳写真、音楽は特にクラシックに情熱を持ち続けてた人なんです。文武両道というか。尺八を吹いていたり、バイオリンを弾いたり、書斎のような部屋にもよくこもってました。家に文化人やスキーの弟子や、いろんな人がよく集まって来て、子どもの頃は、父の趣味の方が仕事なんだと勘違いしていたくらいです。

青木　そうですか。

三浦　東北大学山岳部のスキーのコーチもしていたので、僕も小学生の頃から大学生と滑らせてもらってね。かわいがってもらったけど、付いて行くのに必死で。今考えると、父は日本のスキー界の草分けだったし、山岳スキーヤーとしても、当時の世界トップレベルだったと思います。写真も海外で賞を取って評価されていましたしね。

青木　そんな、スーパーマンのようなお父様からの影響は、かなり大きくていらっしゃったんですよね。

三浦　そうですね。子どもの頃、父からは大自然の中で自分を活かすことを教わりましたね。いくつになっても夢を持ち続けて生きることの素晴らしさもね。とはいえ、父に対しては、東北訛りがあったし、寡黙で自己表現が下手で、もどかしいと思うこともありましたけど。

子どもの頃、こんなことがありましたよ。息も絶え絶えに親父の背中を追って、ようやくたどり着いた雪の山頂でね、今度は親父が、カメラを構えて何時間もじっと黙ってるわけですよ。

僕は寒くて震えが止まらずに逃げ出したいんだけど、真剣な表情を見ると弱音なんて吐けない。そして、太陽が稜線に沈もうとする、まさにその瞬間、やっと静かにシャッターが切られるんです。

たった一枚の写真のための忍耐。自然に対する敬意。男の仕事に対する姿勢というかね、情熱のようなものも学んだかもしれません。

青木　ああ、いいお話ですね。寡黙なお父様の背中から、三浦先生は情熱を感じ取られていた。そんなお父様を支えていらしたのが、お母様だったのでしょうか。

三浦　ええ、夫婦仲は良かったし、父がスキーに出かけるのも笑顔で見送る母でしたけど、母は体が弱くてね。父が母をかばって、家事もやっていましたし、僕も小学生の頃から家の手伝いは当たり前のようにしていました。

母方の父は県会議員から国会議員になった政治家だったんです。人望も厚かったけど、かなり反骨精神も旺盛な人でしたね。

青木　そうでしたか。

人生には必ずターニングポイントがある

三浦　僕には弟が二人、妹が一人いるんですが、実はもう一人、妹がいて、終戦直後に亡くしているんですよ。その妹を助けようと、持っていた山も医療費のために売って、母は随分と看病をしたんですが、助からなくて。それですっかり母は滅入ってしまったんですね。相当なショックだったんでしょう。父もその後20年は、辛くてたまらなかったと、後から聞きました。

青木　青木さんは、どんな子ども時代だったんですか？

三浦　私は、むしろ三浦先生と真逆ともいえるような家庭で育ちました。父も母も養子同士でして、父は北海道で鉱山の経営をしていたんですが、いつも借金に追われていましたね。
それが元で、私が3歳のときに両親は離婚。実の母が家を出ることになって、私は継母に育てられたんですね。でも、父と継母も喧嘩が絶えませんでした。転校ばかりで、小学校は道内で4回変わりました。

三浦　ほお、そうだったんですか。転校が多かったのは同じですね。私は中学卒業までに青木　9回転校したかな。

三浦　9回もですか。そうなると、ほぼ毎年のように転校ですね。私自身は、転校先ですぐに馴染んで友達をつくっていたので、そういう意味では、転校によってコミュニケーション・スキルを身につけていたのかとも思うんですが。

青木　そうそう、間違いなく身につきますよ。転校の都度、カルチャーショックがあったり、勉強の進み具合が違ったりで、本人にとっては大変なんですけどね。

三浦　確かに。

青木　でも、新しい環境で、「こいつはどうか」と様子を見ながら、自分に合ったグループに入っていくような経験を何度も重ねるわけですから、そりゃあ、役立ちますよね。転校したことがない子より、社会性が鍛えられる。

三浦　転校もですが、私は新聞少年をしていて、それも役立ちましたね。

青木　ほう、いつから。

三浦　小学6年からですが、三浦先生がお父様と山で鍛えられたように、私は新聞配達のおかげで体力がついたんだと思います。

青木　ああ、それはいい。子どもの頃、くたくたになるまで体を動かす経験をして、体力をつけたほうが絶対にいいんです。

青木　今、私の息子が小学校5年生でして、合気道を週1回習っているんですが、そういった習い事を見ていますとね、新聞配達を毎朝するほうが、よっぽど体を鍛えられるな、と思ってしまったりするんですが。

三浦　ははは……そりゃ確かに。習い事よりずっとね。

青木　毎朝、真っ暗なうちから配達して、北海道ですから、ものすごく寒いわけですけど、新聞配達は苦ではなかったんです。むしろ、子ども時代の私にとって耐え難かったのは、父が家にいないとき、継母が私に辛く当たってくることでした。お弁当がなくて、学校で水をお腹いっぱい飲んで、気を紛らわしたりしていましたね。

三浦　ほう、そんな思いをされたんですか。

青木　その経験があったからこそ、大人になってから、必ずや、いじめや虐待のない社会をつくろうと強く思えるようになりましたし、今となっては本当に継母に感謝しているんですけどね。継母に仕送りもするようになって、心のとげもすっかり抜けました。でも、子どもの頃は、実の母が恋しくて仕方なかったんです。

三浦　そうでしたか。

青木　祖父の家に預けられてから、結局、17歳で高校を中退して東京に飛び出してしまったんです。それは、母が東京にいるらしいという話を聞いたからで、手がかりは何もなかったんですが、履歴書、保証人なしでも雇ってくれた、八王子市内の鉄工所に住み込みで入りました。

当時の私には失うものも何もなくて、コンプレックスの塊でしたね。だから、北海道にいた10代の頃のことって、実はよく覚えていないんですよ。多分、コンプレックスだらけの不良で、嫌なことだらけだから、無意識のうちに封印してしまったんじゃないかと思うくらい。

父のこともずっと赦《ゆる》せなかったですしね。「あんなふうにはなりたくない」と。でも、そう思っているうちは、自分が呪縛されているわけですから、いい方向にはいきませんよね。「父親は父親で、私は私なんだ」と思えるようになってから人生が変わりました。今は本当に父にも感謝しています。

三浦　そういう少年時代でいらしたんですね。で、実のお母様は?

青木　ええ、その母が叔父と一緒に、鉄工所に住み込みをしていた私を探してくれたんです。それも、私が北海道の祖父に送った、たった一枚の葉書の消印だけを頼りに。毎日のように3、4カ月もかけて探し歩いてくれて、ついに母が私の居場所にたどり着いたんですよ。

再会した瞬間、それはもう、嬉しかったですね。今でも鮮明に覚えています。自分を探し求めて来てくれたという事実が、どれだけ力になったか。それまでの苦労が、一瞬にしてすべて吹っ飛びましたから。

三浦　それはよかった。青木さんの人生が好転した瞬間ですかね。

青木　母も一人で苦労してきたので、「この母を、何としても幸せにしたい」と、そのことがものすごいモチベーションになって、がむしゃらに働きましたね。確かにスイッチが入りました。大きなターニングポイントだったことは間違いありません。誰でも人生にはいくつかのターニングポイントがありますよね。

子ども時代、遊ぶことにどれだけ夢中になったか

青木　三浦先生は、スキーをされながら、北海道大学を卒業され、獣医師の免許もお持ちでいらっしゃる。挫折などといったご経験は？

三浦　ああ、もう、それこそ僕なんて挫折だらけですよ。数えたらきりがないんじゃないかな。

僕は子どもの頃からスキーをやってて、中学も受験させてもらって、「裕福なご家庭で育ったんですね」と言われることがあるんですが、とんでもない、貧乏子だくさんの四人兄弟で、ぼろぼろのスキーとウエアでして。恥ずかしかったですよ(笑)。それなのに、父は50歳で退職しちゃったしね。大学卒業のとき、南極に行きたくて、第一次南極越冬隊員の候補になったんだけど、ダメだったんですね。アメリカに留学したかったけど、それも叶わなくて。いろいろと夢はあったんだけど、全部叶わなかったんですよ。卒業後は、獣医師免許を取って、せっかく研究職に就いたのに辞めちゃって、そこから10年近く下積みの貧しい生活をしましたからね。僕は貧乏よりも、自分で納得いかない場に いる方が、いたたまれないんですね。

青木　最初の挫折は何だろう……。小学校6年のとき、中学受験に失敗して、浪人したことですかね。

三浦　中学浪人ですか。

青木　その頃、大分健康にはなってきていたんですが、結核性肋膜炎で長期欠席をしていたのと、不整脈も見つかったんで不合格ですよ。勉強のほうでは大丈夫だったんですけどね。ショックでした。

ちょうど終戦の年で、男子たる者、みんなお国のために戦っていたのに「中学浪人の落第坊主」だなんて、恥ずかしくて情けなくて。田舎に住んでましたしね。近所の人や親戚にも顔向けできない。罪悪感から押し入れに引きこもって、本ばかり読んでいたんですよ。

青木　その〝引きこもり〟からは、どうやって立ち直られたんですか？

三浦　母にね、「中学に一回落ちたくらいでなにさ。来年もあるんだから、くよくよすることないでしょ」って励まされたんです。祖父が国会議員でしたからね。「おじいちゃんは、選挙に一度落選すると、4年もチャンスがなかったけど、あなたはまたすぐ受験できるじゃない。1年なんてあっという間よ」ってな感じで。それで、押し入れから出られるようになったんです。

青木　優しいお母様ですね。

三浦　今でも覚えてますけど、押し入れから久し振りに外に出てみたら、めまいがするほど太陽がまぶしくてね（笑）。「自分の城をつくろう」と思い立って、ナタやノコギリを持ち出して、沼地の藪を切り開いたんですよ。勢い、次はイカダをつくるぞとばかり、近所の子どもたちも一緒になって、山の杉の大木を5本も切り倒しちゃって、大人に知られたらとんでもなく怒られたでしょうけどね。
もう、泥だらけの、擦り傷だらけ。無我夢中で遊びました。

青木　いやあ……、びっくりするほど、遊びのスケールが大きいですね。

三浦　そうなんですよ。実はその遊びのスケールってすごく大事で、結果的に僕は、この中学浪人の1年間があったおかげで、夢中になって遊ぶという冒険家の素地ができた気がしますね。
その後、中学高校と、夏休みのたびに一人で津軽半島の断崖に出かけては、サバイバルな野宿生活を決行してましたよ。

青木　すごいですね。夢中で遊んだことが、自然との結びつきを強め、先生の冒険家への道へとつながった。

三浦　子どもって「面白い」と思ったら、へとへとになるまで夢中になるでしょ。限界になるまで、もう、繰り返し繰り返し、飽きずにやるんですよ。誰に強制されることなく、自発的にね。それが生きていく上での原点で、子どもには無我夢中になれる環境が必要なんですよ。

青木　ええ、わかります。

脳がハッピーになる「楽しい、嬉しい、好き」が原点

三浦　よく、「人生に必要なことは幼稚園の砂場にある」なんて言いますけど、僕も昔からずっとそうだと思ってましたね。砂場で遊びながら、夢中になる面白い遊びを見つけたり、周りの子への思いやりだとか、社会性も学んでいくんですよ。

大人は、自分の子どもを塾やお稽古事に連れて行くだけじゃなくて、そういう場を与えてあげないといけない。

青木　そうですよね。夢中になって遊ぶと、その中からああしよう、こうしようと想像力がどんどん膨らんで、それを発揮できることがまた楽しいわけですよね。

三浦　そう、その「楽しい、嬉しい」を感じることが、脳にとって一番ハッピーだってことなんですよ。脳がハッピーな状態だと才能の花が咲くんです。

例えばね、モーグルの上村愛子。彼女だってね、元々はアルペン競技をやっていて、なかなか成績が上がらないから、スキーを止めようかと言ってたような子ですよ。それが、モーグルをやってみたら、なんだか面白いぞ、ってことになって、楽しくて仕方なくなっちゃったんですね。

そうなると今度は、練習が嫌だなんてことはなくなるんですよ。楽しいもんだから、自発的にやっちゃう。すごくハードなトレーニングもこなしちゃうし、いろんなことを乗り越えて、世界のトップレベルになった。

青木　上村選手は、アルペンじゃなく、モーグルと相性がぴたっと合ったと。

三浦　そう、ですから、人に言われてやるんじゃなく、まず、自分で本心から「これだ!」と思えるものを見つけるってことです。そして、それに集中することが必要なんですよ。もちろん、ただ好きなことだけで、みんなが生活していけるわけじゃありませんけどね。

でも、基本は心から好きなものがあるのが大前提で、そのものへの情熱がなければ始まらない。で、その分野を自分なりに工夫してみる、一生懸命やってみる、というのが大事なんですよ。

青木　おっしゃるとおりですよね。人の潜在能力は、脳がハッピーになって初めて引き出され、開花する。人間は、「どうしてもこうしたい」という強い願望がなければ、結局のところ、「こうしよう」という意思だけでは続かないものですよね。

私もセールスが大好きですけど、最初から好きだったわけではないんですよ。セールスに行って断られるのは誰でも嫌なものです。でも、やっていくうちにだんだんと仕事の意義を感じたり、成績が上がって達成感を味わったり、セールスによって「嬉しい、楽しい」と、脳がハッピーな状態を味わうことができたからこそ、好きになっていったんですね。

三浦　まさしくそうでしょうね。

青木　ある意味では、スポーツと通じるところがあると思います。辛いこと、苦しいこと、厳しいことの後に、お客様に喜んでいただく喜びや感動がある。先生もスキーが大好きでいらっしゃるんですよね？

三浦　そうそう、大好きなんですよ。だからこそ、オリンピックを目指したし、エベレストにスキーをするために行ったし。エベレストのことになると、好き嫌いのレベルと違う話になるんですが、原点は間違いなく「好き」にありますね。僕の父だってそう。理屈抜きに「好きだった」ということに尽きます。

「心からの願望がなければ、意思だけでは続かない。
〝これだ〟と思える〝好き〟への情熱から、すべては始まる」

第二章
出会いとは

自分の波長と合った仲間が引き寄せられる

青木　三浦先生の人生の中で、ターニングポイントとなったと思われるのは、いつ、どんなことでしょうか？

三浦　ああ、それは多分ね、大学時代に知り合った仲間との出会いです。

青木　特別な出来事というわけではなく、ご親友との出会いなんですね。

三浦　そうですね。僕の親父が北大出身で、子どもの頃から憧れてたというか、「ボーイズ・ビー・アンビシャス」の言葉は、ずっと心の中に響いていたんです。とはいえ、山登りやスキーで、まともに受験勉強してませんでしたけどね。ま、運良く、北大に合格できて。

そこで、スキー、山登り、海潜りなんかやってまして、本庄丕《すすむ》と小西正一って親友ができた。彼らはスキーの経験はなかったんですが、僕が「教えるから」って引き込んだんですね。で、いつも三人で話をしてたんですよ。それがもう、周りにも理解されないくらい、スケールがでかかったんです。

青木　ほう、例えばどんなお話を？

三浦　例えばね、渡り鳥の脳では地球がどう捉えられているかとか、三人でワイワイやってると、イマジネーションがどんどん膨らんで、宇宙やら時代やら次元を超えた、とてつもない話になっていくんですよ。
二人とも天才タイプだったけど、本来持ってる才能だけじゃなく、ものすごく勉強もしてましてね。本庄は地質学を専攻してたんですが、「俺が掘った地層の塵がキラキラと太陽に光ってた。今、俺たちがいる空気中に、古代からの塵だって舞ってるんだぞ」なんて言ってましてて。そこから「この塵の中には、古代のあらゆる情報が詰まってるんじゃないか、古代のウイルスまで発見できるんじゃないか」って話になる。

青木　はあ……。これまた三浦先生とは違った角度からスケールが大きい。

三浦　彼はスタンフォード大学で古代化石の研究をしてから、マサチューセッツ工科大学で地質学者から海洋学者になって、アメリカのウッズホール海洋研究所の名誉教授をやってます。小西はカリフォルニア工科大学で動物学の教授になっててね。ノーベル賞候補になったくらいです。

青木　いやあ、すごいご親友ですね。そんなお友達と一緒に過ごしていたら、とてつもなくイマジネーションが膨らみそうです。世間の常識なんて、関係なくなってしまい

青木　そうですね。

三浦　そのお二人の影響で、三浦先生の思考のスケール感がさらに大きくなったと。

青木　現実離れした話ばかりしてる三人だから、「北大の三ほら吹き」って呼ばれていましたけど（笑）。そんな話ばかりしてるから、マニュアル通りの答えを出すなんてことはできなくなりましたよね。

三浦　それ以上に、できそうにもないことでも、まず、できるんじゃないかと工夫するようになりましたよ。これをやったら面白い、こうしたらいいんじゃないか、って想像力を、子どもの頃よりさらに働かせるようになったんじゃないかな。

青木　大人になるにつれ、想像力がますます磨かれたんですね。

三浦　そういう仲間と出会うことができて、本当にラッキーだったと思いますよ。

青木　三人がお互いに引き合われたんでしょうね。共鳴、共感の法則とでもいいましょうか、気が合う同士というのは、何かありますよね。

三浦　あるでしょう。「類は友を呼ぶ」で、波長が合うというか。いくら優秀でも、「なんか嫌なヤツだな」と、仲良くしたくない人はいますからね。

自分以外の「誰かのために」がモチベーションになる

三浦　ドイツの心理学者の説でも、こんなのがありましたね。子どもが学校の教師に対して反発心を持ってしまうと、その教師が教える科目の成績は伸びなくて、逆に波長が合うと感じる教師が教える科目の成績は伸びる、という実験データ。

青木　つまり、向上心があって波長の合う人と一緒にいると、自分もさらに向上する相乗効果がある、ということですよね。

三浦　そういう意味では、故・岡本太郎氏も三浦先生と親しくされていたそうですが、波長が近かったんでしょうか？　岡本さんも天才と言われていた方ですが。

青木　ああ、そうですね。身長は154センチとか、そのくらい小さいのにエネルギーの塊のような人でしたよ。彼はパリに留学中、ピカソと親しくされてて、よく飲みにいったんだとか、身長も同じ、手相もよく似ていたんだ、と喜んでましたね。

三浦　そうだったんですか。また、天才同士の波長が合って引き合われたんでしょうかね。私は岡本さんの『自分の中に毒を持て』（青春出版社、1988年）という本を拝読しましたが、強烈でした。「常識を覆せ」というメッセージそのままを生きてこられた。

三浦　絶対に権威に屈しないというかね。彼にとっては、相手が偉い人かどうかなんてことは、全く関係ないんです。思っていることを平気でズバズバと言うし、気に入らなければ無視するし。

青木　きわめてご自身の感性に忠実であり、自然体でいらっしゃるんですね。

三浦　僕は岡本さんにスキーを教えたんですけど、何度教えても自己流でやろうとして、転びまくっている。全然、僕の言うことをきかないんです。自分の思うとおりにやらないと気が済まないんですね。それでも懲りずに、ずっと派手に転び続けているわけですよ。
ところが、ホテルに戻ってみると、ロビーで女性たちに囲まれながら「こうやればうまく滑れるんだ」なんて、うんちくを真剣にしゃべっている（笑）。なんと、スキーの本まで出版しちゃいましたしね。

青木　面白いですね（笑）。

三浦　破天荒というかね。生命力に溢れていて、ちっともじっとしていない。彼こそ天才で、僕もよく励まされました。
後から考えると、僕が苦しんでいた時代も、彼に「それでいいんだよ」と言ってもらえることで安心できたし、晩年、岡本さんが他の人のことを忘れちゃっても、僕が会いに行くと「やあ、三浦君」と、覚えていてくれたりね。すごく波長は合っていたんでしょうね。

青木　私も自分のことを振り返ってみると、三浦先生のように、天才肌の方々との出会いとは違うんですけど、確かに、波長が合う人に導かれ、そのおかげで今日までこさせていただいた、という気がしますね。

三浦　ええ、ええ。

青木　17歳で家出をして、実母との再会を機に、バーテンダーから始まって、いろんな仕事を必死でやっていたんですが、その中で「独立して事業をやる」という思いを持ったのも、今津さんという、憧れるような事業家との出会いがあったからです。まあ、事業を立ち上げたものの、人に騙されてしまって、3000万円もの借金をして、苦境に立たされてしまったんですけどね。

でも、そこから再起するため、フルコミッション営業の道に導いてくれたのも、私のことを見ていてくれた、ブリタニカという外資系企業の日本関西支社ヘッドマネージャーの木村さんという方でした。今でも非常に感謝しています。

三浦　ほう。

青木　私は「何としても一番になりたい」という気持ちが、ものすごく強かったんです。学歴も何もないわけですから、一番になることでしか自分の価値を証明するものがなかったんです。そのハングリーさといった部分を、見込んでもらえたんだと思うんですね。

三浦　みんなね、若いときは自分のことを認めてもらいたいと思って、頑張ってるわけですからね。

青木　当時、私は24歳でしたか、トップになりたくて、ナポレオン・ヒルなんかの成功哲学とか、自己啓発本を読みあさっていたんですよ。その木村さんが、私の家の本棚を見て、「こういう成功本に興味があるのか。君ならブリタニカで夢を叶えられるぞ」と、半ば強引にブリタニカの関西支社にリクルートされまして。

三浦　青木さん、そのブリタニカでトップセールスマンになられたんでしたよね？

青木　ええ、その木村マネージャーのコーチに従って、セールスの量も質も、誰にも負けないようにと頑張ったわけですね。

最初はうまくいかなくて、木村さんに相談するわけですが、「俺は絶対におまえができると信じている。おまえが自分をダメだと信じているのと、どっちを信じるんだ」と、選択を迫られたんです。「この人は自分のことをこんなにも信じてくれている」ということが、すごく自信につながったんですね。その後は、私がマネージャーの立場となって、部下を任され、そこでまた、部下をトップセールスマンに育てるという喜びを学んだんです。

三浦　誰かのために、というモチベーションって強いですからね。

青木　まさにそうなんです。ブリタニカに転職する際、その木村さんから借家を提供していただいたんですが、私はそこを「入魂寮」と名付けましてね（笑）。若くて学歴もお金もないけれど、やる気だけはあるという、昔の自分のような部下を一緒に住まわせては、トレーニングしていたんですよ。

三浦　へえ、「入魂寮」とは、男っぽいですね。そこで寝食を共にしながら、部下の仕事もプライベートも面倒をみてたってことですか？

青木　ええ、そうです。何と言いますか、やっぱり私は人が好きなんですよね。目上の人に引っ張られれば、嬉しくてその人に認められたくて、一生懸命に尽くしてしまうし、若い部下が頼ってくれれば、一生懸命に面倒をみてしまう。それがまた、自分にとっては楽しいんですよね。

部下も、売れないうちは給料がないですから、ご飯を食べさせてあげる。寮から部下と会社に行って、会社から帰ってきたらまた、営業成績を上げるためのセールスクリニックをするんです。まるでもう、昔の「徒弟制度」みたいな。

三浦　年がら年中、一緒だったわけですね。山登るみたいに。

青木　ああ、同じ感覚かもしれません。ずっと行動を共にして、セールスという山の頂上を目指していく登山部隊ですね。

私はその部隊で、部下に成功哲学や成功法則の講釈をたれては、自分から「できるんだ！」と宣言をして、部下も巻き込んでいたという感じです。そのスタンスは今でも全然変わってませんね。

そんな中から、最初は「これで一番になるしかない」と思っていた営業が好きになって、そこから部下に対しての研修、能力開発といったものが大好きになって、自分の天職なんだと感じるようになっていった気がするんですよ。

三浦　それ、大事ですよ。自分で宣言してしまって、後に引けなくする。僕もそのやり方で山登ってきてますからね。ずっと。

青木　宣言して、やらざるを得なくすると、「やれたぞ」という小さな成功体験ができて、自信がつきますからね。

三浦　そう、その積み重ねですね、何をやるにも。僕もセールスマンをしていましたけど、それなりに工夫しながら、楽しんでましたよ。

青木　三浦先生がセールスマンを？

アマチュアスキー界永久追放、という悲劇

三浦　そう、やってたんですよ。スポーツ用品の営業ですね。自転車に運動具を積んで、今では大手のスポーツ店が、スキー用品を扱う前の小さい店舗だった頃に売り込んでたんですよ。

青木　そうだったんですか！

三浦　僕ね、営業成績、よかったんですよ。店長が僕のスキーの話を面白がって聞いてくれるんです。「今度はいつ来てくれる？」なんて楽しみにしてくれてね。だから、青木さんがセールスを楽しいと言うのはよくわかります。

青木　三浦先生がセールスマンになられたきっかけは、何だったのでしょう？

三浦　その前にまずね、僕は北大を卒業した後、研究室に入ったんですよ。

青木　獣医師の国家試験にも合格されて、そのままでいらしたら、助教授になられるはずだったんですよね。

三浦　そう、新しくできた動物薬理学研究室に「2年やれば、北大で一番若い助教授になれる」って言われて入ったんですね。でも、最初は助手ですから薄給でした。その頃、学長の秘書をしていた女房と学生結婚したんですけど、まるでホームレスでしたよ。結婚祝いにもらったテントで過ごすくらいに貧乏でね。

研究生活はそれなりに面白かったし、真っ暗になるまで夢中になって研究するんだけれども、「なんか違う、別の世界があるはずだ」って思ってました。外でどれだけ体を酷使しても疲れないのに、研究室にいるとすごく疲れるんですよ。

結局、助教授も獣医の道もあっさり捨ててしまったんです。周囲からは「もったいない」と随分言われましたけどね。

青木　それが、ご自分の道ではない、天職ではないと判断されたんですね。そして、故郷の青森県に戻られた。奥様も反対はされなかったんですよね？

三浦　ええ。女房からは「あなたみたいな派閥を嫌うタイプは教授に向いてない。嫌ならさっさと辞めるが勝ちよ」と言われましてね。女房もスキーが得意だったんです。夫婦でスキーの青森代表になって、オリンピックにすべてを懸けようなんてことをね、思っちゃったんです。

背水の陣でした。貧乏のどん底で、仕事も何もないんですから。

青木　結果は代表になられたんですよね。

三浦　青森県で代表にはなったけど、結局、そのままスキーのアマチュア連盟から永久追放ですよ。

青木　永久追放とはまた、どうしてだったんですか?

三浦　そのとき、青森県は日本選手権のアルペンに4名の代表枠があったんです。なのに、上位2名だけしか取らなかった。日本では一番オリンピックに近いレベルだった県なのに。

でね、僕はその上位2名に入ったんですが、おまえら2人でもどうせ世界で勝てるレベルじゃないんだから、4人も代表にしたってしょうがないって。県が遠征費なんかを負担するんですが、4人分もお金を出せない、というわけですよ。

だけど、スポーツ選手なんて、大きな舞台を経験していかなくちゃ、伸びないでしょ。そのチャンスすら与えてもらえないんじゃ、話にならない。

青木　三浦先生は、そこで黙っていなかったんですね。

三浦　そう、僕は代表になったんだから、そのままおとなしくしていればよかったんだけどね。もう2人の代表選手も、枠があるんだから行かせてやってくれって頼んだんですよ。

その2人は八甲田山に登ったガイド仲間だったこともあったしね。僕ら上位代表の2人が半額ずつ自己負担するからと提案したんです。そしたらもう、選手がそんなこと言う権利はない、生意気だって言われて。

青木　え？　生意気ですか。

三浦　選手権大会の閉会式でそんなやり取りをやってたわけですけど、選手たちも普段から連盟側に不満を募らせていたんですね。会場がものすごいブーイングの嵐で、収拾がつかないくらい、すごい騒ぎになっちゃったんです。で、こんなめちゃくちゃになった閉会式は前代未聞だと。それに火をつけたのは三浦だと。僕はすぐ役員会にかけられて、以後、日本選手権や国体といった一切のアマチュアスキー界から、永久追放と言い渡されたんですよ。

青木　そんな不条理なことって、あるんですか？　選手枠の定員数通りにしようと提案しただけで。

三浦　まったくその通りなんです。別に、役員の名誉を傷つけたわけでもないのに。

挫折や逆境は、幸せの前奏曲である

青木　周囲の人たちは抗議しなかったんですか？

三浦　しましたよ。その会場に新聞社の記者たちがいたんですけど、翌日、一斉に「選手の人権侵害だ」といった、連盟を批判する記事も出ましたしね。でも、そうなるとなおさら、スポーツ界の役員ってかたくなになるんです。一度決めたことは、絶対に撤回しない。

青木　いや……。三浦先生にとってはすごい挫折ですよね。

三浦　もうね、頭の中が真っ白でしたよ。大学も獣医も全て辞めて、給料も何もない。退路を断ってスキーに懸けるぞと決めたわけですよ。ところが、オリンピックどころか、国内大会にすら出られなくなった。何をどうすればいいのか、わけがわからなかったですよ。さっきね、挫折だらけの人生だったって言いましたでしょ。きわめつきですよ。

青木　いや、オリンピック選手になれる一歩手前で、そんなご経験をされるとは。オリンピックにチャレンジする道すら断たれてしまったんですよね。

しかし、考えようによっては、天が三浦先生に与えた、大きなブレイクスルーのきっかけだったのかもしれませんね。「逆境は幸せの前奏曲」とも言えるんじゃないでしょうか。

三浦　そうなんですよ。もしスムーズにオリンピックに行けたとしても、あのときのレベルでは、たいした成績でなかったはずです。まあ、その後、オリンピック選手だってことで、少しはちやほやされたかもしれないけど。

でも、それより、すべてがなくなって、一から自分で何かやらなきゃならないって丸裸の状態になったのが、今考えると、よかったんでしょうね。

青木　三浦先生のその挫折体験のお話を伺っても、つくづく思いますが、若い人たちには、「自分のせいじゃないのに」という不幸や逆境が襲ってきても、決して諦めないでほしいですよね。むしろチャンスなんだよと。

三浦　ええ、本当にそう。僕もね、そのときは「なんで自分だけがこんな貧乏くじを引かなきゃならないんだ」って悩んだわけですよ。でも、後から考えると、すべて意味があったとわかるんです。

青木　そうですよね。とんでもない貧乏くじを引いてしまったと思っても、その事実をプラスに捉えるか、マイナスに捉えるかでその後の人生が変わってきますよね。事実はひとつでも解釈というのは無数にあって、先生はそれをプラスと解釈されたことで、チャレンジャーになられたんですものね。

三浦　そこから僕は、連盟を追放後、10年近く下積み生活をしたんですけど、ずっと夢を持ち続けました。

大学時代にそういういい仲間と出会って話したことでね、自分が話を聞きたい人、会いたい人には、臆せず自分から求めてみる、ということをするようになっていたんですね。

青木　下積み時代、三浦先生が目標にするような方たちの元へ、直接行かれたということですか？

三浦　そういうことです。スキーや山岳のいろんな人たちに会って、とにかく話を聞く。そこで「俺は若い頃、こんなことやってたんだ」なんて、トレーニング方法だとかスキー板の工夫だとか、ためになりそうな話を聞いたら真似をしてみる。職人の弟子が先輩の技を盗むみたいにね。

そして、世界レベルの人の話を聞けば聞くほど「俺も世界に出ていくぞ！」「俺もいつかきっと！」という夢が膨らむばかりでね、腐ることもなかったし、諦めなかった。

青木　なるほど、そうでしたか。三浦先生はそうやって、ある意味では〝夢の原材料〟を仕入れながら、世界を目指すというモチベーションを保ち続けられたんですね。

三浦　そういうことになりますね。

青木　私も思うんですが、いい情報というのは人が運んできてくれるものなんですよね。自分を向上させていくには、いい人と出会う、自分から会いに行く。また自分も、そういう人たちに見合った〝上質〟の人間になっていくという努力は、すごく大切なことなんですよね。

「想像力とモチベーションを高める
上質な仲間に周波数を合わせよう。
上質な情報は上質な仲間が運んできてくれる」

第三章

夢とは

世界一つらいトレーニングで、世界が見えると信じて

青木　三浦先生は、世界で名を挙げられるまで、下積み時代が10年近くおありで、そのとき、スポーツ用品のセールスもされていたわけですね。

三浦　ええ、そうなんです。東京の神保町ってあるでしょ。あの界隈は、大きなスポーツ店が並んでますけど、かつては小さな個人商店ばかりだったんですよ。第一、輸入物のスキー用品なんてのは、日本になかったし。
僕は、いつもあそこら辺を自転車で回ってたんです。荷台にスポーツ用品を積んで。自分が行った山の話をしてました。よく売れるもんだから、「専務になれ」と会社の社長に言われましたよ。

青木　世界に誇る冒険家だけでなく、優秀なセールスマンでもいらしたんですか。先生は、おそらく何事も一生懸命にされるんでしょうね。

三浦　そう、一生懸命やっちゃうんですね。汗水流して、必死に自転車をこぎながら。それでも売れるとね、楽しいんですよね。あれこれ工夫しながら、面白がってセールスもやったし、「俺のことを世界が待ってるぞ」と思ってたもんだから、山もせっ

せと登って鍛えてましたしね。

青木　世界という舞台に向かう準備、努力も怠らなかった。

三浦　何の保証もなかったんですけどね。今流行ってる、トレイルランニングって言うのか、いわゆる山岳マラソンの元祖みたいなことをやってましたよ。朝早くに重い荷物を担いで、せっせと山を登って。下山するときはだあーっと走って、最後は工事現場で荷物を下ろすんです。〝ゴウリキ〟ってわかります？

青木　〝ゴウリキ〟って……はい、登山者の荷物を担ぐ人のことですか。

三浦　そう、その〝強力〟も2年間、やってたんです。

青木　そうだったんですか。

三浦　日本アルプスの立山で強力仲間を束ねてる先輩に頼んで入れてもらってね。最初は50キロの重さの荷物から始めたんですけど、2年目には80キロ、最後のほうは120キロの荷物を頂上に担いでましたかね。

青木　120キロですか！

三浦　下山して荷物を下ろすと、羽が生えたみたいに体が軽くなるんですよ。「これはきっと世界一つらい仕事だから、俺は世界一のトレーニングをしてるんだ。これをやっていれば、そのうち必ず、世界が見える！」って信じてね。とにかく、夢中でやってました。

青木　もう、なんと言うか……。三浦先生のふつふつと湧き上がるような、ものすごく逞しい生命力を感じますね。でも、世界一を目指すのだから、世界一きついトレーニングをするぞという、そのお気持ちはよくわかります。

「こうなりたい」と求める将来像が明確であれば、ひたすら、そこへ向かうだけですよね。「未来を知る者は、その未来を創り出す者自身にある」ということだと思うんです。で、その頃のお仲間は、先生が世界を目指していることをご存じだったんですか？

三浦　ええ、立山や八甲田山とか、あちこちの山に登ってた仲間がいましてね。もう、みんなに「俺は世界に行く」って豪語してましたよ。

海外から登山に来た仲間には「うちに泊まってけよ」って、自分ちに引っ張り込んでね。中には、後にアメリカで大手企業の社長になったとか、海軍の提督になった、なんて人たちもいて。

青木　そんな海外の登山ファンが、日本の山を登りに来てたんですね。

三浦　ところが、当時の我が家って、共同トイレに四畳半一間のアパート。そこに女房もまだ小さな娘もいるわけです（笑）。女房も僕がアマチュア追放になった次の大会で骨折して、引退してたんです。

青木　そうでしたか。

三浦　そんな狭い部屋にみんなで雑魚寝ですよ。娘は押し入れ（笑）。それでも楽しかったんです。世界中を回ってる人たちの話を聞いてね、僕も「世界が待ってる」って夢があったから。

青木　いやあ、住んでいる所がどうであるとか、全く関係ないってことですよね。夢があるから楽しいんだ、それを語り合える仲間がいるから、家族がいるから、また楽しいんだと。そう考えると、本当に夢が持つパワーってすばらしいですよね。

三浦　そう、夢……。それだけでしたね。セールスだって嫌いじゃなかったんですよ。でもね、やりながらも、「これで俺は一生終わるのか？　いや、違うだろ」と。それで1961年に「世界プロスキー選手権」という大会が開催されることを新聞で知りまして。

アマチュア界は追放されていても、プロ大会なら参加できるわけですから、「これだ！」ってね。飛びついたんです。

世界のトップを観察して隙間を探す

青木　まさに、長い下積みがあって、ようやくのチャンス到来。

三浦　アメリカの世界プロスキーヤー協会の会長宛に、ずさんな英語で手紙を書いて送りましてね。「東洋第一号としてエントリーを認める」という認定書が届いたんです。

青木　東洋第一号！　それはそれは、嬉しかったでしょうね。

三浦　嬉しくて、親父に「俺、日本人で最初のプロになった！」って、その認定書を見せました。
でもね、それは僕の実力というより、僕が社員になったスキー用品会社の岩井社長とか、四畳半の家に泊まったアメリカ人のスキー仲間たちがね、いろいろと協会本部に口添えをしてくれたからなんですよ。僕がどれだけ世界を夢見ているかってことをわかっててくれたから。

青木　ああ、なるほど、それはすばらしい。三浦先生が諦めずにずっと夢を語り続け、努力を続けてこられたからこそ、周囲の人たちも一丸となって、そのチャンスに向かって力になってくれたわけですね。

三浦　ありがたいですよね。でも、当時のね、日本のスキー業界のドンって呼ばれていた人から「うちのスキーを履かせてやる」と、つまりスポンサーになってやると言ってもらったのに、その横柄な態度が頭にきちゃいまして。「あなたのスキーを履いて世界で勝った人はいるんですか？　僕は世界で勝って賞金を稼ぎたいんです！」って、蹴っちゃったんですよ。偉そうにね。無名の若造だったのに。

青木　いやいや、信念がおありだったんですよね。たとえ大物であろうと、権威をふりかざすような人の力は借りたくないと。

三浦　結局、裸一貫のままアメリカに渡ったんです。現地に行ってから、世界のオリンピックメダリストについてるスポンサーに体当たりですよ。英語学習のレコードをすり切れるくらい聴いて練習してね。それは、青木さんがいらしたブリタニカじゃなくて、リンガフォンのレコードでしたけど（笑）。

青木　あはは……。いや、現地で語学練習されながらのスポンサー獲得ですか。すごいなあ。タフでいらっしゃる。

三浦　「東洋人第一号」を売りにしてね。ところがそこには、日本のレベルじゃとてもかなわない、世界トップクラスの、僕も憧れていたような選手たちばかり集まってたわけです。

青木　なるほど。

三浦　僕がいくら頑張って滑ったところで、しょせん、かないっこないんですよ。でもね、そんな選手たちと同じ大会に出て、同じホテルで寝泊まりして、つたない英語でしゃべったりしているうち、「何が違うんだろう?」ってね、よくよく彼らを観察してみたんです。で、わかったんですよ。

青木　ほう、それは?

三浦　どんな一流の選手たちも、失敗するときがある。コースアウトしたりね。それは、コンマ1秒でもタイムを縮めるために、いつも限界ギリギリのところまで果敢に挑戦しているからですよ。それを何度も何度も繰り返しているからこそ、超一流でいられるってことです。

ただ、限界に挑むからこそ失敗もある。で、彼らがどういうとき失敗するか。

青木　それを観察されていたんですか?

三浦　そう、風が強くて吹雪いてるとか、霧がかかってるとか、超低温なんかだと、当然、アクシデントや失敗って増えますよね。

青木　ええ、コンディションが悪ければ悪いほど。

三浦　逆に、天候が穏やかで雪の状態がいいとか、いわゆる普通の条件下で、僕は彼らにかなわない。じゃあ、このチャンスをつかまなければばと。

青木　なるほど、天候が悪いときほど、勝てるチャンスがある。

三浦　そうなんですよ。僕は、プロスキーヤーとしてのエリートコースじゃなく、登山だの山岳スキーだのといった経験はたくさん積んでるもんで、悪天候の大会ほど、「きたぞ、これだ！」って力が湧いてくるというかね。他のエリート選手たちにとっては、「ああ、今日は条件が悪すぎて記録は出せない」って、諦めムードですよね。

青木　はあ、なるほど。

三浦　そんなわけで、大会前に必ず天気予報をチェックして、ちょうど大会の真っ最中に吹雪くぞ、なんてときは、もう、僕にとって特大チャンス（笑）。

青木　他の選手たちが諦めてしまうような大会ほど、三浦先生は全力投球で。

一流になれるまでには、必ず修行期間がある

三浦　そう、なんとしてもそこで必死になって上位に食い込むんです。もちろん、経験則からの寒さ対策とか、万全に準備していくんですよ。そうやって悪天候を味方にして順位を上げていったんです。

青木　いや、すごいですね。今のお話を伺って思ったのは、まさに不況といわれる現代の経済状況と、その三浦先生にとっての悪天候、悪条件のプロスキー世界選手権大会というのは、同じじゃないかって。

三浦　そうそう、全く今の時代と、あのときの僕の状況は同じなんですよ。景気がどん底だからって、みんなが諦めちゃう、みんなが捨てちゃうようなときこそ、すごいチャンスがあるってことです。

青木　ですよね。

三浦　だからね、そのことを今の若い人たちには、声を大にして言いたい。僕なんか、むしろ「俺にはここしかチャンスがない」でしたから。その隙間だけで、ほかにはないんですから。もう、無我夢中で。

青木　チャンスをつかみにいかれた。

三浦　最初の世界大会で、十二位に食い込んだんです。

青木　すごいですね。悪天候を捉えたのはもちろんですが、綿密な準備をされて、つらかった強力のトレーニングも役立ちましたね。

三浦　何年もブランクがあったのに、そういうことですよね。で、次の大会は八位で、プロレース初の賞金を獲得したんです。「絶対に優勝するぞ」と意気込んだのに、後半に足をねんざしちゃったんで、残念でしたけど。

青木　いやいや、日本のアルペンスキーのレベルが、今より遥かに世界に及ばない時代の話ですよね。

三浦　そうですね。欧米みたいにスキーの歴史がないから、当然、日本のスポーツ環境も劣悪だったし、当時は日本人の体格が小さくて、かなうわけがないというコンプレックスから抜け出せなかったんですね。
僕は「同じ人間なんだから、絶対にできる」と信じてましたけど。

青木　なるほど。そんな中で、日本人初の賞金獲得。努力を続けられながらも、まだまだ世界に及ばないレベルを自覚されて、チャンスに気づき、それを最大限に活かされての世界八位獲得。それはもう、拍手喝采の賞賛に値しますよ。そこまで三浦先生が必死になられたのも、長い下積み生活を経験されたからこそ。

三浦　でしょうね。今の時代に換算したら、多分……年間１５０万円クラスの生活をしてましたからね。女房子どもがいたのに。大学時代の親友は、すでにアメリカで名前が知られるようになっているのに僕はどん底で。「何としても世界で名を挙げるんだ」ってエネルギーは、ものすごく大きくなったんですね。でも、下積みだからって腐ってなかったし、何事もベストを尽くしてましたよね。

青木　その、どん底でもベストを尽くされたということが、大きな成功を手にされる方の特徴のような気がします。

一足飛びで結果を出そうとしても、それは無理な話であって、スポーツ界に限らず、武道や学問やビジネスや、どんな分野でも、一流になるまでには必ず修行期間があるわけですよね。

三浦　まさに修行期間でしたよ。

青木　その修行におけるプロセスの段階で、普通の人が成し得ない技を身につけた人だけが、一流と言われる門前に立つことが許されると思うんです。

キロメーターランセで滑降する三浦氏。

真心のある人には、自ずと道が開けてくる

三浦　そういえば、修行時代、僕がスキースクールの助手をしていたところにカメラマンが「撮影させてほしい」と訪ねてきたことがありましたね。「あそこをこう滑ってくれ」とか「こんなふうに飛んでくれ」とか、何十回もやり直させるんですよ。

青木　納得できる写真が撮れるまで。

三浦　そうなんです。僕は父の写真を見ていたから、カメラマンのプロ魂がわかるんで、「よしきた」とばかり、早朝から延々リクエストに応えるんですが、そこまで頑張ってもお金にならないでしょ。オリンピックの選手たちは嫌がって、「一回滑ったらこの料金」みたいなことを言い出すんですよね。結局、僕一人が被写体になることになって。

青木　カメラマンの方も、三浦先生だけにお願いしたくなったんでしょうね。

三浦　いい写真が撮れると、僕も嬉しくて。大汗かきながらやってました。その作品が写真集になりましてね。その後も僕が荷物を担いで、カメラマンと雪山を登って撮影

を続けて、『アサヒグラフ』って、当時の一番メジャーな写真誌の表紙を飾ったりしたんですよ。

青木　いやあ、なんと言いますか、三浦先生のカメラマンに対する、深い思いやりを感じますね。お金は関係なく、「いい写真を撮らせてあげたいんだ」という。

三浦　いやいや……。

青木　カメラマンの方も嬉しくてたまらなかったでしょうね。三浦先生がベストショットまでリクエストに応えてくださって、それが作品として、写真集やグラビアの表紙になるんですから。
そういう先生の一生懸命な善意に対して「この人に会ってみませんか」といった紹介もあったでしょうし、良質な情報も運ばれてきたんでしょうね。真心のない人には情報が閉じてしまうし、真心のある人には自ずと道が開けてくるんじゃないでしょうかね。真心のある人って天は決して見放さない。必ず味方してくださるものだと思うんですよ。

三浦　いやあ、一生懸命やってるとね、それこそ天が味方してくださったのかわかりませんけど、ありがたいことに、僕にとってすごくいいことにつながっていったんです。「三浦を映画に撮ろう」って話になって、富士山を滑る映画（『富士山直滑降』

1966年）を撮ってもらいましたしね。

青木　写真から映画の主役にまでつながったんですね。

三浦　そう、それは、アメリカのプロ選手権大会に参加したとき「日本人ならフジヤマで滑ったことがあるだろう」と言われて、それで、「おや、俺は滑ったことないぞ」と気づいてね。「いつかやらなくちゃ」と思っていたのが、映画という贅沢な形で実現できたんです。

青木　映画の主役で実現するとは。やはり天は見放さない（笑）。

三浦　僕は日本人がまだ誰も挑戦していなかったキロメーターランセ（現在のスピードスキー）に出場していたんですが、その大会への挑戦記録もスポンサーがついて映画に撮ってもらいましたしね。

そのキロメーターランセで念願の世界最速タイムを出して、富士山の頂上からパラシュートで直滑降するという挑戦につながっていくんです。

青木　なるほど。その富士山頂からの直滑降成功が、さらに今度は世界のエベレスト山頂からの直滑降という、前代未聞の挑戦へとつながっていった、というわけですか。

三浦　そういうことになりますかね。すべてがつながってますよね。

得意な科学をスポーツと融合させるという発想

青木　極端な言い方かもしれませんが、修行時代に手を抜かなかった三浦先生の姿勢が夢の実現へ、つまり世界記録へとつながっていった。
しかしながら、先生の記録を並べただけでは、特に今の若い人たちは、その意味、意義がわからないと思うんですね。ひとつひとつ前代未聞の大記録なわけですが。よろしければ、順番に少し詳しくお話しいただいてもよろしいですか？

三浦　あはは……そうですね。

青木　まず、プロになられてから、１９６４年にイタリアのキロメーターランセという、現在のスピードスキーの世界大会に日本人として初出場されていますよね。そこで、いきなり、当時のスピード世界新記録を出されています。

三浦　そう、もう32歳になってたのかな。その大会はね、オーストリアスキーの伝道師と呼ばれる人が、僕のことを「全部面倒を見るから」と薦めてくれて出場できたんです。かつてはオーストリアスキーって、体制派からはもてはやされていたんですが、世界のスキーって、流行り廃りがあるんですね。

青木　そうなんですね。

三浦　次第にオーストリアスキーに関心が持たれなくなっちゃった頃、僕は彼のことを家に泊めたり、スキー場で講師してもらったりしたんで、彼から声をかけてくれたんですね。

父も僕も、自らの経験を通して系統立てた山岳スキーを信じていたんで、世界の流行りや技術が多少変わっても、本質は同じと思ってましたからね。

青木　流行りではなく経験から得たものを信じる。本質というものは変わらない。まさにそうですよね。そしてまた、ここでも修行時代に築かれた、思いやりの人間関係が生きたんですね。

三浦　親切にすれば、いずれ自分に返ってくるんでしょうかね。「情けは人のためならず」って言いますから。

で、せっかく出場するんだから、勝つための作戦を立ててやろうと思ったんですね。僕はスキーが得意だけど、世界でトップになれるようなレベルじゃない。でも、まがりなりにも科学を勉強してきたんだから、スキーと科学を融合させれば、自分にしかできない世界一の記録をつくることは可能なんじゃないかって考えたんです。スピードレースには航空力学を応用できるんじゃないかって。

青木　得意な科学を活かされ、北大のご親友と話された想像力も働かせて。

三浦　そうなんですよ。その頃、僕は防衛庁（現・防衛省）の航空研究所という所によく遊びに行ってたんですけどね、そこで、生身の体で飛行機用の風洞実験をしてみようということになったんです。ちょうどナイロンの生地が普及し始めたばかりの頃で、当時は誰も着てなかった世界一空気抵抗の少ないスキーウエアをナイロンでつくってみて、台風並みの風の中で、鼻水垂らしながら、どんなフォームで滑れば抵抗を最小限にできるかって研究をしたわけです。

青木　ということは、三浦先生は、今でこそスポーツ水着などで当たり前になっている世界記録を目指すウエアづくりのパイオニアでもあり、抵抗を最小限にするという、スポーツと科学を融合させるパイオニアでもあったんでしょうか。

三浦　今から50年近くも前の話ですからね。そんなことやってるなんて聞いたことありませんでしたから、そういうことですよね。

青木　いやあ……。驚きました。三浦先生の世界記録の裏には、そんな世界初の発想と実験、綿密な準備もあったということなんですね。

三浦　そんな実験を繰り返してできたフォームだったんで、大会現地でも僕のフォームがいいって評判でした。
あとね、当時「鉄腕アトム」がテレビで流行ってましてね。3歳だった娘と、僕も家で夢中になって見てたんですけど（笑）。

青木　私も見てました（笑）。

三浦　その、アトムが豪快に飛び回るイメージを頭の中にたたき込んで、スキー板に「アトムガンバレ」「ヤマトダマシイ」って書いたんです。少しでも弱気にならないよう、念には念を入れて。

青木　おお、いいですねえ。ご自身を無敵のアトムと同一化して、世界記録に挑まれた。なんだか、聞いているだけでワクワクしてきますね。

三浦　大会は5日間開催されて、初日に14位、2日目に4位。ところが、3日目にトップグループに付けようとして、激しく大転倒。スキー板がばらばらに吹っ飛んで、見てる人たちは「ああ、かわいそうに、もうダメだ」と思ったらしいですよ。

青木　そのとき、お怪我は？

三浦　お尻の打撲と擦り傷だけで、3位になったんです。

青木　これまた、強運といいますか、すごいですね。

三浦　僕が立ち上がって手を振ったとき、静まりかえってた観客が、「ブラボー！　ミウラ！」と沸き上がって、テレビの実況中継では、「生きている！　氷河のカミカゼは生きている！」だったそうですよ。

青木　いやあ、ドラマチックですね。

三浦　4日目も5日目も転倒しましてね。優勝はできなかったんですが、僕の出したスピードは世界記録だったんです。

青木　何度転倒しても起き上がる「不死身のカミカゼ」って、地元ファンから熱狂的な支持を受けました。日本のスキー界からは全く無視されましたけどね。

三浦　世界記録を出されたのに、まだ、アマチュア追放の影響があったんですか？

オリンピック選手というのは、守り中心の優等生ですからね。僕みたいな捨て身の冒険をしたって、正統派じゃないわけですよ。結局、オリンピック以外のところで頑張ったって、日本のスキー連盟からは評価されないんです。

本来、「限界」というものは存在しない

青木　それだけのワールド・レコードでありながらですか……。納得いきませんね。その世界最速記録を出された次は、1966年、富士山頂上からパラシュートをつけて直滑降するという、誰も思いつかないような偉業に挑まれていますが。

三浦　ええ、キロメーターランセから帰国後、講演会に呼ばれて、新幹線に乗って富士山を見たらアイデアが湧いたもんで、すぐ航空研究所に相談してね。ちょうどパラシュートの研究直後だったとかで、「それは面白い」って、その場で盛り上がったんですよ。

僕の体重と装備を合わせ、最大傾斜40度で時速170キロ出たとき、3秒以内で時速80キロに減速可能なパラシュートの開発をしてもらう、ということになったんです。

青木　三浦先生のアイデアとその研究分野が、ぴたっと合ったんですね。

三浦　ところがね、試作、改良、トレーニングといくら繰り返しても、どうしても不安がぬぐいきれないんですよ。

青木　それは、命の危険に対する不安、ということでしょうか。

三浦　「馬鹿な真似を」とか、「神聖な山を汚すのか」なんて誹謗中傷もずいぶんあったんですが、胸騒ぎの理由は自分でもよくわからなかったんです。

そして間もなく、富士山頂付近で乱気流に巻き込まれた英国海外航空の大事故があったんですよ。「ああ、これか。神様から止めよという、お告げだったんだな」と納得したんです。

青木　なるほど、そういうことでしたか。

三浦　仲間もみんな納得して計画は中止になりました。ところが今度は、「このまま挑戦を止めたら、この先いくら生き延びたところで、自分を信じられなくなるんじゃないか?」と悩み始めましてね。

青木　命よりも挑戦することを選択された?

三浦　ええ、自分の努力が本物であれば、あとは神様が決めてくださると、腹をくくることができましてね。結果は大成功でしたけど。

人類の誰もやってないことに挑むという、僕の人生初の大冒険だったわけですから、もう、嬉しくてね。レースで味わう喜びとか達成感とも次元が全く違うんですよ。

青木　いやあ……、お話を伺っただけで伝わってきますね。大冒険を成功させたという喜びを、全身全霊で味わったんですよね。

三浦　自分がやると決めた目標に向かって、やり遂げるということがね、こんなにもすがすがしい気分になるのかと。それからもう、夢を追うということに対して、限界を引かなくなりました。

青木　「限界を引かない」。まさしくそうですよね。

アメリカのデニス・ウェイトリーという能力開発者も言ってるんですが、「もし限界があるとすれば、それは自分自身が定めた限界である」と。本来、限界なんてものはなくて、限界という概念がまさに限界をつくってしまう、ということですよね。

三浦　そう、自分がそこまでと決めちゃうから、止まってしまうんでね。あの、水泳の北島康介の指導をした脳科学の林成之先生も言ってますでしょ。もうすぐゴールだと思っただけで、脳にストップがかかっちゃうって。

もっと向こうにゴールはあるんだって思ってないと、記録は伸びないし、限界突破はできない。

青木　記録、数字というのは、ひとつの通過点ですよね。セールスでもそうなんですが、数字を意識していると成績って上がらないんです。１人に断られても「次があるからいいか」と思ってしまうんですね。

ところが、「この商品によってお客様の問題解決のお手伝いをするのだから、絶対に100%クロージングしよう」と、100%を大前提にして向かったとたん、アベレージは上がるんです。

三浦　自分はできるんだってことをね、まず、気づかせてあげないと。

青木　そうですよね。残念なことに、日本の経済状況は、例えを言えば、年収600万のサラリーマンが8000万の借金を抱えている状況と同じです。そのうえ、年金が厳しくなるといった情報が若い人たちの意識下に入って、悪い暗示にかかってしまうくらい、よくない情報が氾濫していますよね。

三浦　たくさんいい部分もあるのにね。世の中のいい部分、自分の中にあるいい部分、俺にも可能性があるんだってことを、本人が気づくように何か体験させないと。それこそ、青木さんがやっておられる、目標を達成するんだと、モチベーションを上げるんだと、その方法を学んでみるとかね。ものすごく大事なお仕事ですよ。

青木　ありがとうございます。自己イメージの低い人が、結局は不幸な人生を生きてしまうという現実がありますからね。本当に何とかして、それを変えたいですよね。

「夢に限界をつくらない。
苦難の時代こそ夢の実現の準備期間であり、
チャンスである」

第四章
仕事とは

大勢の人を巻き込んだら成功するしか道はない

青木　三浦先生は、1970年、今度は8000メートルのエベレスト山頂から、パラシュートで直滑降されています。富士山での成功体験がおありだったとはいえ、かなり危険だったのでは？

三浦　ええ、さすがにあのときは、僕が家を出る日、家内が涙ぐんでました。長女が9歳、長男が4歳、次男は生まれたばかりでね。ちょうど大阪万博の年で、その記念行事として、「人間と科学が一体となった極限への挑戦」と銘打った、一大プロジェクトだったんですよ。日本からの隊員と、現地のシェルパのほかに、800人くらいサポーターが同行したかな。

青木　ものすごい大部隊だったんですね。

三浦　ところが登山中、僕が腹痛で歩けなくなって、先に行ってもらった部隊が、巨大なアイスブロックの崩壊に遭遇して。6人の犠牲者が出てしまったんですよ……。だけど、もう後には引けない。僕が成功して帰るしか方法はないんです。

青木　厳しいですね。挑戦者としての責任……。

三浦　そう、僕がやると言い出して、スポンサーに莫大なお金を出してもらって、大勢の人を連れて行ってますでしょ。命を落とした人のためにも、なんとしても成功して報いなければと。
ところが、頂上からスタートを切ってガタガタの氷を滑ったとたん、「ああ、もう終わりだ」と思いました。開いたパラシュートが風の渦に巻き込まれて、スキー板が片方飛んで、猛烈なスピードのまま、直径20メートルくらいの岩にバーンとはじき飛ばされちゃって。

青木　そんな危険な目に遭われたんですか。

三浦　止まったとき、自分が本当に生きてるのか、腕や頭を氷にたたきつけて確かめましたよ。シェルパやみんなが泣きながら走って抱きついてきてね。その姿を見て「生きてる」ってわかった。奇跡的でした。

青木　命を張ってのぎりぎりの挑戦、ですね。

三浦　一言も反対しなかった親父がね、後になってからこう言ってましたよ。「この挑戦は、生還三分、死七分と見ていた。なぜ、おまえがここまで命懸けのことをしなくてはならないのか、随分と悩んだ」って。

青木　お父様も複雑なお気持ちだったでしょうね。3人の小さいお子様と家を守られてきた奥様も、どれほどご心配だったか。先生は、この奇跡的に助かった体験をされて、ご自身のことを運が強いと思われましたか?

三浦　いやあ、普通でしょうねえ。

青木　普通、ですか?

三浦　まあね、でも、岩にぶつかって落っこちた所にたまたま雪があって刺さったとか。あと、雪崩なんて、いったん巻き込まれたら、努力で避けられるものじゃない。99%は助からないわけですよ。それが、ちょうど真空になった所に挟まって、偶然出られたこともありました。

やろうとしたって物理的に不可能なことで助かると、神様に「まだ人間やりなさい」と言われてるのかなと思いますよね。こんな贅沢な人生はないなと思います。

青木　きっと、使命を持った「選ばれし者」なのでしょうね。

そして人類未到の挑戦に成功されて、先生は日本だけでなく、世界中の人々にも勇気を与え、貢献されました。この記録映画が、栄えあるアカデミー賞を受賞されたのですよね。

夢を実現させる資金集めは避けられない

三浦　ああ、そうなんです。隊長が石原慎太郎さんだったんですね。だもんで、石原プロの方が撮影してくださって『エベレスト大滑降』というタイトルで上映されたんだけど、日本ではあんまり受けなくてね（笑）。

青木　じゃあ、逆輸入的な。

三浦　というかね、カナダの配給会社が気に入って買い取って、英語で再構成してくれたんです。そのとき、僕のことを日本でいろいろ再撮影させてくれって言われました。そしたら、できあがった映画（『THE MAN WHO SKIED DOWN EVEREST』）が、どういうわけか長編記録映画部門のオスカーを受賞したんですね。

青木　いやあ、すごいことですよね。三浦先生がずっと目標とされていた「世界一になる」ということが、次々と実現したわけですよね。

三浦　エベレスト滑降も奇跡だったけど、オスカー受賞も奇跡ですよね。そのときの評価は、確か「日本が欧米のコピーを脱し、まったく想像を絶するオリジナリティをもって、山の世界で偉業を成し遂げた」でしたね。

その後、アメリカのスキー場でカーター大統領と偶然会って、家族でパーティーに呼ばれたんですよ。その席で壇上に上げられましてね。「私はあなたのエベレストのフィルムに感動して20回以上観た」と言われました。

青木　あの、ノーベル平和賞も受賞した、ジミー・カーター元大統領が？

三浦　ええ、アフガニスタンの問題で何度も重大な決断を迫られたとき、一人で僕のフィルムビデオを観ては勇気をもらいましたとおっしゃるんですよ。

青木　そんな世界情勢をゆるがす重要な場面で、大統領の決断を左右していたなんて。すごいですね。聖書の言葉を思い出しますね。一粒の種を地に落としてこそ、そこに大きな祝福と実りがあるのだと。

厳しく、辛く、命がけで取り組んでこられた、その三浦先生の生き方が、一粒の種として、どれだけ社会に、そして世界に影響を与えたか。でも、最初から影響を与えようと意図されたわけじゃありませんものね。

三浦　ええ、みんな、いろんな場面で人と影響し合いながら、お互いに成長していくわけですからね。少しでも世の中に貢献できるのは嬉しいですけど。

青木　三浦先生の勇気ある挑戦がいくつもの奇跡を生んだ、ともいえると思うんですが、この「世界一」という偉業を成し遂げるには、当然、大勢の協力者や資金が必要になりますよね。

三浦　ええ、もちろんです。

青木　そこはどのように集められたのか、教えていただけますか？

私も今、モータースポーツの分野でインディ500に挑戦している佐藤琢磨さんのパーソナルスポンサーをしたり、今年は「アチーブメント全日本F3選手権」としてF3カテゴリーのシリーズスポンサーとなって、若手ドライバーの育成を応援しているんですね。

三浦　青木さんの会社が、メインスポンサーなんですね。

青木　ええ、うちは20代の社員が多くて、毎年、新卒を採用してるんですが、彼らへの教育も考えて、スポンサリングを始めたんです。

モータースポーツの世界はまさにチームビルディングが大切です。ドライバーがマシンに乗ってレースで勝利するには、マネージャー、監督、エンジニア等、ピットスタッフ全員が心をひとつにして取り組むことが求められます。また、プロジェクトメンバーが集結して、資金をつくりだし、チームを運営しなくてはならない。チームの総合力が勝敗を左右しています。

三浦　そう、レースも登山も、夢を実現させるには莫大なお金が必要ですよね。人を集めるにも、お金がないとね。避けては通れない。

僕もエベレストに登るのに、当時で3億円かかりました。今の金額に換算したら10億円ですから。でも、お金を集めるという前に、まず、世の中で求められているニーズを考えないといけないんですよ。

青木　挑戦するにもまず、ニーズを見極めるということですね。

三浦　ええ。ひとつのプロジェクトを立ち上げるのには、その目的、ターゲット、社会的にどういう意味があるのか、それをきっちり落とし込んで、企画書とプレゼンテーションの準備をして、スポンサーを決め、そうやって準備してからお願いに行くんですね。

エベレスト山頂からパラシュートで直滑降するんだと、これは間違いなく世界的にも注目を集める。人間の限界に挑むアトラクティブな要素もあって、映像にもなるんだと。

青木　なるほど、プロジェクトの進め方を伺うと、ビジネスそのものですね。セールスでは「ノーニーズ、ノープレゼンテーション」「必要性のない所で説明は要らない」といった言葉があるんですが、ニーズがすべてということですよね。

日本エベレストスキー探検隊メンバー。総隊長・石原慎太郎、小谷明撮影。

ニーズを見極めたプレゼンテーションが必須

青木　伝達の順番として、まず最初は「自分に売る」、つまり、自分がプレゼンテーションできる完全な状態になるように準備する。次に、「自分を売る」、つまり、自分という人間をきっちりと売る。そして三番目にニーズを売る、四番目に商品を売る、そして最後に感動を売る。「ここまでやるのか」という感動を与えるフォローですよね。

三浦　その五段階を経て、完結するわけですが、三浦先生の場合は「ああ、応援してよかった」「勇気をもらった」という感動を多くの人々に与えていますよね。

青木　そうですね、分析すればその順番通りだし、ビジネスのセールスとまったく一緒ってことです。それができないで、ただ「やりたい」って口にしてるだけじゃ、夢はいつまでも実現しませんから。
さっき、大学時代に本庄と小西をスキー部に誘ったって言いましたでしょ？

三浦　ええ。

青木　あの二人も僕に言うんですよ。「三浦に騙されてスキーや登山を始めたけど、やり

パラシュートを背負って、エベレストを滑降する三浦氏。小谷明撮影。

たいことをやるのにすごく役立った」って。

青木　それは、どう役立ったんでしょう?

三浦　アメリカには世界各国から最高の頭脳を持ったメンバーが集まってくるけど、それに打ち勝つためには、気力と体力、あと、お金集めの力が勝負になるって言うんです。

青木　研究費集めの力、ということでしょうか?

三浦　そういうことです。大学時代、スキー部で本庄は資金調達を担当したんです。スキーを続けるには、用具をそろえたり、けっこう資金が必要でね。「私たちはこういった練習をして、こういった大会で成績を残しました。より向上するためには、さらにこういった練習方法を取り入れる資金が必要です」と企画書をつくって、先輩方のところを回ったんですね。

青木　なるほど、三浦先生のプレゼンテーション力のルーツも、そこにあったんですね。

三浦　僕らが学生の頃は、学園紛争の嵐が吹き荒れてましたから、「アメリカ帝国主義の大学で勉強したやつなんてけしからん」って、本庄は研究室を学生たちに荒らされて、せっかくの研究成果をめちゃくちゃにされたんですよ。

青木　そういう時代だったんですね。

三浦　本庄はそんな日本に見切りをつけて、アメリカに渡って、石油会社から膨大な予算をもらって、自分の研究室をつくった。僕の冒険資金集めにも役立ったし、本庄や小西のノーベル賞級の研究資金集めにも役立ったということですね。

青木　なるほど、そうなるとビジネスも冒険もベンチャーであって、ニーズを見極めたプレゼンテーションによってお金が集められれば夢は叶うけれど、同じく、研究もそうであると言えるんですね。

三浦　そう、研究もお金がなければできない。ノーベル賞の裏にもそういう部分がありますよね。逆に、ニーズさえつかめたら、何度でも挑戦できる。

僕は70歳になってからもエベレストに挑戦したけど、継続して体を鍛えてたわけじゃないんです。歳とって、すっかりメタボリックの不健康な体になっちゃって、どうしようもない状態からまた、再挑戦したんですよ。

青木　それもすごいチャレンジですよね。

三浦　そのメタボな70歳のエベレスト再挑戦の場合、「高齢化社会におけるアンチエイジング」がテーマなんですね。どうすれば、歳をとってからも仕事や趣味で若々しく頑張れるかっていう時代のニーズがあった。

成功はスポンサーへの最低限のお礼

青木　同じエベレストでも違ったテーマ、ニーズであった。当然、ターゲットもクライアントも異なってくるんですね。

三浦　そういうことです。70歳のアンチエイジングのために象徴的な限界にチャレンジする。そのトレーニング、私生活はどうするか、で、時代のニーズだけじゃなく、成功したら社会的、国際的にどんな価値があるかってこともプレゼンテーションの中にしっかり入れるんです。

三浦　企業イメージがプラスになる、プロジェクトをサポートした社員たちの成功体験にもなる。そういったメッセージ性をどれだけ込められるかですね。ある意味、演劇や映画の脚本と同じですよ。どれだけテーマをわかりやすく、面白く、感動的に伝えられるか。

青木　なるほど、その演劇や映画を観せて、観客をいかに感動させるかですね。

三浦　だから、スポンサーのところに行く前に、ある程度「これで決まる」とわかります。でね、70歳のエベレストのスポンサー集めのとき、1社2500万円を10社くらいお願いしてみようと、健康機器のオムロンさんに行ったんです。

青木　当時はオムロンの立石義雄社長の頃でしょうか。

三浦　そう。その立石社長が、僕のプレゼンテーションと提示金額を見ながら「うーん」って考え込んじゃった。景気も悪くなってきた時期だったし、「断られる」と思ったんです。
そしたら「三浦さん、この倍額出させてもらえませんか」ってね。そのときは、本当にびっくりしました（笑）。

青木　いいお話ですね。心意気といいますか。それだけ企業にとって価値あるスポンサリングであると、立石社長は判断されたんですね。

三浦　オムロンさんは「健康科学」がテーマで、社員の健康とやる気づくりが最も大事だとおっしゃってました。で、「エベレストの頂上が人類究極のアンチエイジング」と言う僕の実践データを取れることが、ニーズにぴったり合ったんですね。
でも、倍額にするなんて申し出はめったにないですよ。なもんで、帰ってからオムロンさんにとって、どう役に立てるか、いろいろ考えました。

青木　きちんと恩返しをしようとされる、三浦先生の誠意を感じますね。

三浦　それだけの期待に応える責任がありますから、うれしい反面、恐縮しましたよ。成功することは相手に対して最低限のお礼であり、大前提ですしね。

青木　素晴らしいお考えです。

三浦　仮にもし僕にお金があったら、苦労してスポンサー集めしなくてもと思うんですよ。でもね、エベレスト登ってて死ぬか生きるかってとき、スポンサーとの約束を思い出すんです。何としても約束を果たさなければというか、喜ばせてあげたいって、最後は踏ん張れるんですよ。それがなければ帰って来ちゃってたかもしれないって思いますもん。

青木　いや……、先生の誠実さに心を打たれますね。お話を伺ってて、今ふと、うちの子どもたちをどうやったら真に誠実に育てられるかって考えちゃいました。私はいつも思うんですが、人って究極は誠実さですよね、先生。

三浦　そうですよ。非常に古い要素ですけど、それが真実なんですね。

青木　見落としがちですけど、大事なことですよね。それで、もうひとつ伺いたいのは、70歳からの挑戦は、「高齢化社会におけるアンチエイジング」がテーマでいらしたわけですが、一番最初のエベレスト直滑降の挑戦のときは、どのようにスポンサー集めをされたんでしょう。

三浦　ああ、それこそ実績もなけりゃ、当時はエベレストを登った日本人が、まだ一人もいませんでしたから。成功する保証なんてどこにもありませんよね。

青木　最初は、志賀高原のスキー場でお会いした、赤井電機の社長を訪ねたんです。

三浦　赤井電機って、テープレコーダーの開発をされた赤井三郎さんが一代で築かれて、かつては海外でも有名な高級音響機器メーカーでしたよね？

青木　ええ、赤井さんは大のスキー好きで、社員全員にスキーをやらせてたような社長さんで。「よし、足りない金を私が全部出してあげよう」と即答してくださったんです。信じられない話ですよね。

その後、まさかのスキー事故で、1972年に56歳で亡くなられてしまったんですがね。結局、個人財産から、1億9000万円も負担していただきました。

三浦　そうだったんですか。

お金は目的でなく、目的を果たすための手段

青木　そこからはいろんな人の紹介で、松下幸之助さんや本田宗一郎さん、盛田昭夫さん、井深大さん、佐治敬三さんと、そうそうたるメンバーに物心両面でお世話にな

ることになったんです。本当に素晴らしい人たちでしたよ。

青木　そうそうたるメンバーですね！　日本で尊敬されている経営者が、全員大集合と言ってもいいくらい。

三浦　僕のことを、当時、「日本にこんなことやるヤツがいたのか」って思ってもらえたんでしょうかね。

青木　いやあ、今でも三浦先生ほどの冒険家はいませんよね。日本でこんなチャレンジャーは見たことがないと、名だたる経営者陣が感嘆するのも当然という気がします。

三浦　本田さんなんてね、スピーチを聞いていると、最初は目の前の人のことを、こっぴどくけなすんですよ。「この人は女遊びがひどくて、このあいだも」なんて、「そんなこと言っちゃってどうするんだろう？」みたいなつかみですよ。ところが、最後はその人を素晴らしいと思わせる締めくくり方をする。笑いも取るし、人の心をつかむ話し方がすごく上手くて、さすがだと思いましたよ。でも、これだけスポンサーがつくと、「おまえ、宣伝屋じゃないか」って批判する人が出てくるんです。お金がなきゃ登れない。当たり前でしょ。「俺は命を懸けた宣伝屋だよ」と言い返しましたね。

青木　命懸けなんですものね。先生の崇高なチャレンジに共感するからこそ、そういった経済的支援者が集まる。どんなに批判したところで、経済の合理性からは逃れられませんし、生き残れなければ消えていくしかありませんよね。

三浦　私も思うんです。何としても生き残って、社員の未来を守って、何年かかっても社会に貢献したいと。三浦先生に経済的支援をされた経営者のみなさんも、成功されていたからこそ支援でき、社会にも大きく貢献できた方々ですよね。

青木　そう、とにかく生き残らないとね、社会にいいことしようとしたって、何もできません。

三浦　現実というのは、人が力を認める人が断言するもののことで、社会的地位のある人の言ったことが通ってしまう。それが社会の仕組みであると思うんです。著名になればマスコミに出た一言の重みもある。何もできていない人間が言っても戯言《ざれごと》になってしまうんですよね。

青木　言葉の重み、真実味は全然違いますよね。

三浦　私もかつては会社を上場させようと、それがひとつのステイタスであると考えていた時期があったんです。でも気づいたんです。そんな小さなことじゃないんですよね。もっと大きな目標を持つべきで、人は目的に生きるべきだと。

しかも、経済が目的そのものではなく、それは目的を果たすための手段なんですよね。ここをよく「経済的成功が目的である」と、間違ってしまう人がいるんですが。

三浦　お金は目的じゃないですからね。

青木　そうなんです。私の場合は、経営者をはじめとした社会的影響力があり、指導的立場にある方々に対する人材教育を通じて貢献させていただきたいと考えています。その延長線上にあるのは、いじめや差別のない、誰でも笑顔で明るく過ごせる社会をつくること。本気でそれを実現したいと思っています。三浦先生と同様、私も追求している世界には限界がないんですね。

セールスでトップを目指し、マネージャーではトップマネージャーを目指し、32歳で5名だけで創業して、必死で舵取りしながら、23年間、日本一の人材教育コンサルティング会社を目指してきました。おかげさまで最近では2万人の学生がエントリーしてくれる人気企業に成長しました。しかし、それは偶然ではなく、ずうっと求め続けていたからそうなったんだと思うんですね。

先生も長年の修行という下積み生活と、ものすごく綿密な準備をされてきたわけですが、私も振り返ると、ブリタニカでセールスだけでなく、マネジメント・スキルやトレーニング・スキルをものすごく積んでいたと思うんですよ。

三浦　偶然の成功なんてないですよね。

青木　そうですよね。私はセールス、マネジメント、トレーニングと3つを土台にして、能力開発のコンサルタント会社に転職して、ブリタニカで培ってきた力量がそこで活かされたんだなと思います。

そこから自分の会社を立ち上げたんですが、売れない教材をつくって大借金もして、それこそ家内の貯金まで借りたことがありました。創業して10年近くは私も苦しかったです。

しかし、今、会社も伸びて安定していますが、72歳までは現役で頂点を目指そうと、これからも可能性に蓋をするまいと思っています。

三浦　そう、蓋なんてする必要は全くないですから。

青木　ですよね。今、23期なんですが、40期には100億円企業になるってずっと言い続けています。三浦先生のように世界を目指したいと思っています。社員たちには「会社の未来は我々の思考の中にあるんだ」と言ってます。

学校をつくるかもしれないし、キッザニアのようなテーマパークをつくるかもしれないし、『不都合な真実』のような教育的視点の映画をつくるかもしれないし、って。

日本は税金の使い方を選べるようにすればいい

三浦　「ベンチャービジネス」って言いますでしょ。訳したら「結果が予測できないビジネス」のことですよ。冒険は英語で「アドベンチャー」ですからね、同じ「ベンチャー」ということです。

青木　なるほど、おっしゃるとおりです。

三浦　誰もやらないほどのでかい夢を語って、それを命懸けで実現するってことですよ。日本は税金をべらぼうに取るんで、税金を払うために働かなきゃならないので、非常に腹立たしいんですけどね。すごくチャレンジしにくいなと思いますよ。いい部分もたくさんあるんですけどね。
僕なんか、6000万円も税金を払えって言われて、それは支援にいただいた貴重な資金なのに、税金を払うために、借金して働かなくちゃならないんです。変な話でしょ?
日本でも税金の使い道を個人で選べるようにすればいいんです。そしたら日本のスキーやスポーツ環境を、もっとよくしてあげたいですよ。

1993年、処女作「セールスマンに勇気を与える本」の出版を祝って。（写真上）
2000年頃、受講生のみなさんと。（写真下）

青木　選択できたらいいですよね。それができたら、日本人の意識も大きく変わると思いますよね。

三浦　本当にそう。日本のスキー界も何とかしたいんですよ。僕の海外の友人に、スキー界に60億円寄付したとか、オーケストラホールやオリンピックのスタジアムに寄付した人とかいるんですよ。

アメリカは自分で働いたお金を個人で寄付できるけど、日本もそうしていかないと、スポーツや芸術や科学技術は絶対に伸びないですよ。

青木　そうですね。個人の才能を開花させる社会をつくっていかないといけませんよね。組織も組織のためでなく、個人のための組織でなければならないと思います。本当に必要なのは、内発的に一人ひとりが生き生きと輝く社会ですよね。

三浦　本当に大事なことですよ。僕はかつて、日本を変えたいと、まずは教育を変えなきゃ日本の未来は変わらないと思ったので、文部省、今の文部科学省ですよね、その大臣にしてくれって田中角栄さんに頼んだことがあるんです。

青木　え？　そうなんですか。それはいつ頃？

三浦　エベレストの直滑降から戻ってきたとき、日本を変えたいなら選挙に出たらいいと、石原慎太郎さんに勧められまして。石原さんは衆議院での出馬が決まってて、それまでやっていた全国区の参議院に、代わりに僕が出るって話になったんです。

青木　じゃあ、まだ、先生が30代の頃ですか。

三浦　37歳ですね。当時、自民党幹事長だった田中角栄さんから、「総理にも石原君にも聞いているけど、当選確実だから頑張りなさい」と言われたんですね。当時のドンですよ。

僕は、「非常に光栄ですが、6年間、国会議員をやるからには、文部大臣にしてください」と、偏差値教育じゃなく、気力、体力のある元気な子どもたちを仲良く育てていく日本の教育にしなきゃダメだということを話したんです。それができないのなら、辞退させてもらいますって。

すでにもう、自民党の役員会で僕の出馬は決まってたのに、そんな生意気なことをね。山から下りてきたばかりの政治家に似つかわしくない、真っ黒な若造が（笑）。

青木　でも、信念の三浦先生らしいです。それで、角栄氏は？

三浦　僕はてっきり怒られると思ったんですね。でも、「わかった。もし三浦君、あんたが次に何か事業をやりたいとか、政治家になりたいというときは、僕に声をかけなさい。僕が全部面倒を見てあげるから」と言うんです。びっくりしましたね。人の心を見抜く天才だと思いましたよ。

人間力は失敗を積み重ねてできるもの

青木　ほう、そんな言葉を。

三浦　それで、田中さんが総理になったとき、すぐに電話がかかってきました。「三浦君、僕と話したことを忘れてないよね。青少年問題審議会の理事になりなさい。ここでガンガン、君のやりたい教育改革をやりなさい」って。

青木　三浦先生のことがよほど印象に残っていたんですね。

三浦　そうなんですね。田中さんの娘の真紀子さんのご長男のお名前、雄一郎ってつけられましたよね。僕に対して強烈な印象を持ってくれたんですね。

青木　田中角栄ご一家にまで、そんな強い影響を与えていらっしゃったんですね。

三浦　僕が日本のアマチュアスキー界から下ろされたのが、50年前になりますかね。そこから、何とか生きようとプロスキーヤーになって、その中でも誰もやらなかったベンチャーに挑んだ。

それは、確かにひとつのビジネスだったと思います。でも、アマチュアよりよっぽど厳しい世界ですよ。「失敗しました」じゃ済みませんから。今は何とか社会的に評価されるようになったけど、最初は全くゼロからやったわけです。

青木　ゼロから世界一ですものね。

三浦　オリンピックに出場した人は、ちやほやされてましたけど、その間、僕はずっと下積み。カメラマンの荷物担いだり、「このほうがいいだろう」と、何十回と滑り直したり。

それが写真や映像として、我々の共同作業としての財産、評価になる。それを骨身惜しまず、どれだけ増やせるかしかなかったんです。

青木　いや、三浦先生のお話を伺ってきて、今、本当に腹に落ちたと感じるんですが、人はその人の嘘偽りのない生き様、生き方、つまり人間力に惹きつけられて「この人を応援したい」「一緒に夢を成就させたい」という気持ちになるんですよね。

三浦　結果は後から付いてくるというかね。お金もそうなんです。

青木　そういうことなんですよね。

三浦　小さいことの積み重ねなんだけど、ずっと続けてると、そういうふうになるんですね。オリンピック選手だったとか、肩書きだけでなんとかなると思ってた連中は、悪いけど消えていきましたよ。

青木　私も職業柄、いろんな方とお会いするんですが、なかでも三浦先生は最もインパクトを持って「人間力」というものを感じさせる方ですね。

三浦　まあ、それも最初からあった訳じゃないんですよね。苦労があって、失敗も繰り返してきて、もう、目の前が真っ暗になるような壁ばっかり、突き当たってるんですよ。10年も苦労して、やっとエベレストに登れるチャンスを得て、それであと1時間で頂上に手が届くってところで、越えられなかったんですよ。あのときはパラシュートで直滑降をするという目的で登って、当時は国境問題もあったし、頂上に登ることが契約になかったんです。だから、頂上を目の前にしながら登れなかったという悔しさはあったんですね。

青木　そうでしたか。だから、再度チャレンジをされたんですね。

三浦　それから33年後ですよ。登頂に成功したのは。高齢とメタボを5年のトレーニングで乗り越えて。だけどね、そうやっていろいろ経験してくるとわかるんですが、意外と小さいことが大事なんです。やると決めたら、失敗しないための綿密な調査と下準備が絶対に必要なんですよ。スポンサー活動もそうだし、トレーニングも、登山隊の準備も、もういろいろとね。

青木　なるほど。

三浦　例えば、靴下ひとつだって大事なんです。

青木　靴下が。

三浦　靴下を濡らしたままにしてると、すぐ凍傷になっちゃうから、多めに持って行って、まめに穿き替えるとかね。

青木　それこそ、南極に一番乗りしたノルウェーのロアール・アムンセン隊が助かった一方で、最強と呼ばれていたイギリスのロバート・スコット隊は遭難してるんですけど、原因は些細なことが重なったからですよ。乾いた靴下、肌着に毎日替えていたか。あと、ビタミン剤で栄養を摂って、しっかり寝ていたかとかね。

いくら優秀でも「イギリスの軍人たる者、根性で行け」みたいな精神論だけじゃ凍死しちゃう。人生は意外と些細なことで大きく左右されるもんです。

三浦　根性だけでなく、それを支える科学的な裏付けによる緻密さ、繊細さ、慎重さがあってこそ、エネルギーが集中できるし、最高のパフォーマンスを発揮できるんですね。

青木　そういうことなんですね。

三浦　成功を支えるのは精神論でなく、そういった綿密な準備とトレーニング、トータルなマネジメントが必要なんだと。自分を大切にすることから、成功の旅は始まるということですよね。

「やると決めたら綿密な調査、計画と下準備を。
崇高な目的と世の中のニーズがあれば、お金は後から付いてくる」

第五章

幸せとは

仲間と命を懸けてやり遂げたという報酬

青木　人それぞれであるとは思うんですが、三浦先生にとっての「幸せ」は、どういう定義でいらっしゃいますか？

三浦　僕にとっての幸せはですね、まず、本当に全部を成し遂げたんだ、という達成感。その後、すべての緊張感から解放されて、「ああ、これでやっと家に帰って、のんびりできるんだ」という、達成後の解放感っていうか……至福感。それが一番レベルの高い幸せですかね。

仲間とみんなで命を懸けてやり遂げて、生きて帰って来られたというのが、ものすごい報酬なんですよ。それがあるから、目的を達成した後、もう一度、感慨深い気持ちを味わえるというかね。

青木　困難で苦しく、危険であるという代償を先払いするからこそ、その後に大きな至福感といった報酬、成功があるということですよね。

それが感動体験を得る成功法則といいますか、三浦先生のご自身の中で鮮明に刻印されているから、苦しくてもまた、チャレンジされるんですよね。

三浦　何があるかわからないので、日本に帰るまで油断はできませんけどね。でも、やはり仲間がいるから、できることなんです。

青木　一緒にチャレンジされるお仲間、ご家族、サポーター。エベレストに登られる際は、現地でサポートするシェルパもお仲間ですよね。

三浦　そう、荷物を担いでくれるシェルパは、ネパール側からエベレストに登るとき、必ず通るヒマラヤの中腹に住んでいる少数民族なんですけど、登山中はずっと一緒に暮らすわけですから、あうんの呼吸に近いパートナーですね。彼らは高地に適応した体で、荷物を担いだり、ガイドしたり、世界各国の登山家たちを相手に収入を得てるんですよ。

青木　そのシェルパのパートナーは、どのように人選されるんですか？

三浦　サーダーっていうシェルパの親玉がいるんです。だいたい、親戚同士や親しい仲間で20人くらいのグループを組んでてね。僕らはほかの部隊から登頂に成功しているシェルパの評価を聞いて、彼らも僕ら登山隊の評価を見るしね。まあ、面接するといっても、食事なんかをしながら、人柄、態度を見て、あとは親玉に任せるんです。言葉はわからなくても、表情を見るとだいたい「こいつ信頼できるな」とか、直感でわかりますよね。

青木　経験値による直感の人選ですね。何度も行かれると、同じシェルパに任せるとか、家族のようなつきあいにもなるのでしょうか？

三浦　ええ、仲良くなったベテランやサーダーの家に呼ばれますよ。チベット系民族なんで、日本人と顔つきがよく似てましてね、不思議だけど、言葉やしぐさまで似てるんですよ。

例えば、「イチ、ニ、サン、シ」ってね、数を数える発音が同じなんですよ。最初は日本人に教わったのかと疑ったんですが、民族の長い歴史がありますからね。もともとそういう言語なんだそうです。それに「ヨイショ」なんてかけ声まで同じ(笑)。

日本人のルーツがここにあるんじゃないかと思っちゃいますね。お互いに親近感を持てるから親しくなるし、登頂を目指すにも有利ですよね。

青木　そこまで日本人に似ているなんて、なんだか不思議ですね。

それで、登山隊がスタートするときの人数から、頂上に向けてだんだんシェルパも減っていくんですよね。

三浦　そう、だいたい頂上まで三段階に分けて、頂上まで同行するのは、10から15回は頂上まで行ったっていう、メジャーリーガー級のリーダーにするんです。

年齢は50代くらいで体力は劣るけど、何隊も支えた実績と経験があるんでね。そこに30から40代の若手サブリーダーをつけるって感じです。

青木　そんなに何度もエベレストに登頂しているシェルパがいるんですか！

三浦　いるんですよ。普段からヒマラヤで生活してますからね。

青木　驚きですね。登頂回数はシェルパが世界記録保持者、ということですね（笑）。

三浦　そういうことです（笑）。

青木　その登山部隊のプロジェクトマネジメントという意味では、登頂に成功するところから逆算して、人選し、スケジュールを立て、すべて計算した上でスタートして、三浦先生が隊全体をコーディネート、プロデュースしながら、指示や命令といった意思決定をされていく、ということでしょうか。

三浦　しますけどね。でも、うちの隊には、世界的超一流の登山家と登山カメラマンが昔からいて、一緒に何度もヒマラヤに登ってるんです。実際には登らないけど、食料や準備をしてくれるサポート隊員もいるし。あと、次男が僕と同じプロスキーヤーから、パートナーになって10年以上一緒に登っていますしね。

家族全員で冒険を支え合う喜び

三浦　みんな技術、経験、人間的にも安心して任せられます。それに、家族では、長女がプロジェクトの裏方仕事をほとんどやってくれるんですね。長男がコンピュータシステムとか通信関係を一手に引き受けてくれて。妻は50年以上、ずっと僕を支えてくれてるマネージャー。本当によくやってくれてます。

青木　いや、素晴らしい。見事なまでの役割分担をされて、それこそ世界一の冒険家ファミリーですね。

三浦　次男が一緒に登頂したとき、「お父さん、世界一だね」って喜んでくれて。やはり、嬉しかったですね。
子どもたちみんな、小さいうちから背負って世界の山に連れてって、学校を2カ月も平気で休ませちゃったりしてました。だからそれぞれ、中学になると海外の学校に行っちゃいましたけど。

青木　お父様の背中を見て、世界スケールのお子様に成長されたんですね。いや、私にも高校生の娘がいましてね、今、アメリカに留学させているんです。日本にいたとき

1985年、ロシアのエルブルースにて家族と共に。

から比べて、見違えるように自立心が育ちました。この前、帰国したとき、「アメリカに留学して、アメリカの大学で経営学の勉強をしたいと思うようになった」と聞いて、びっくりしたんですよ。日本にいたときの娘からは考えられない発言です。

三浦　仕事熱心な経営者であるお父さんの背中を、ちゃんと見てるんですよ。楽しみですね。

青木　子どもが成長すると、今度は親の方が感化されたりしますよ。そうなるのかもしれません。ご次男の豪太さんは、モーグルスキーのオリンピック選手でいらしたんですよね。先生も感化されましたか。

三浦　そう、僕なんか還暦過ぎてから、まさにオリンピック目指して頑張って出場権を獲得した豪太に気づかされたんです。長男の雄大もスキーの全日本チームでスピード系の競技に出ていたんですが、怪我をして選手生活を断念したんですね。大学でスポーツ生理学を専攻してたんですが、マイクロソフト社のシステムエンジニアのトップランク資格をクリアして、アメリカでコンピュータシステムの設計系の仕事をしていました。マイクロソフトを創業したビル・ゲイツだって、シアトル出身で、スキーはオリンピック選手並みの腕前ですよ。アメリカは有名な音楽院でもスキーや山登りをさせて体力をつけさせる。一流になるには、気力と体力は絶対に必要なんです。

青木　そうですよね。

三浦　僕は燃え尽き症候群というか、57歳で世界七大陸の全最高峰での滑降というのをやり遂げて、ふぬけのようになってしまったんですね。そこからどんどん体力が落ちてしまって。具体的な目標がなかったから、リタイヤした気分だったんです。

青木　三浦先生でさえ、そんな時期があったんですね。

三浦　ちょうど、その頃、NHKのドキュメンタリードラマでエベレストのロケがありましてね。37歳で大滑降をした思い出の地で、そのとき亡くなった友人やシェルパのお墓参りをしようと。ところが、体がついていかなくて、まともに登れないんです。高山病になって「ああ、俺もエベレストは終わりか」と、情けなくなって。

挑戦への好奇心はすべての遺伝子に組み込まれている

三浦　それで、豪太はオリンピックに出て世界を飛び回ってるし、親父も高齢なのにね、99歳でモンブラン登頂という目標を定めて、毎日ストイックにトレーニングを積んでいたんです。それを見て、「俺は何やってるんだ」とね。

僕だけ食べたいものを食べて、狭心症と糖尿病で、すっかり不健康なメタボ体形ですよ。目標がないと、肉体だけでなく魂にまで脂肪が付いちゃうんですよね。

青木　人間誰しも、放っておいたら本能的に楽な方にギアを入れてしまいます。三浦先生でさえ、目標、願望がなくなると、そうなられるんですものね。

息子さんとお父様を見て、再び脳にスイッチが入ったんでしょうか。

三浦　まさにそうです。ポンッとスイッチが入った。「命を燃やして人生を生きつくすということが、たったひとつの命題で、最高の目標だったじゃないか！」とね。

青木　それまでに、気力の衰えを感じられたことはおありだったんですか？

三浦　もちろん、年齢とともに落ちるんですよ。でも、どうせ人間は死ぬんだし、死ぬ気になればなんでもできるって、僕は思うんです。

だから、5年間くらい死ぬ気になれば、エベレストに登れるようになるんじゃないかとね、65歳から練習を始めたんです。

青木　そのときは、どのくらい登れたんですか？

三浦　500メートルの山も登れなかったですよ。息が上がっちゃって。これでやれるのかって、一瞬、気が遠くなりました（笑）。

青木　先生の気力をもってしても気が遠くなるような状況だったんですね。まさに最初からのやり直しで、一歩一歩、進まれた。

三浦　そういうことですね。年齢に関係なく、誰でもいつからでも人生、やり直しができるってことですよ。500メートルの山がクリアできたら、次は1000メートルって、一歩ずつね。富士山に登るのに2年以上かかったんです。

青木　そしてついに、75歳でエベレスト登頂に成功されたんですものね。

三浦　ええ、登頂して、そこでまた80歳で挑戦するって宣言して練習始めたんですよ。ところが去年、骨盤と大腿骨の付け根を骨折しちゃいましてね。70代で下半身の骨を折ると致命傷なんです。3人に1人は寝たきりになるんですよ。残りはほとんど歩行困難。僕も車椅子と松葉杖のリハビリ生活をしましてね。運良くまた、練習を再開できましたけど。

青木　いや、さすが、不屈でいらっしゃいますよね。リハビリも相当な努力をされたと思うんですが、気力の衰えなんてみじんも感じませんね。

三浦　気力が落ちるのはしょうがないんですがね、ある状態まで持っていっちゃえば同じなんです。

青木　ある状態まで、とは？

三浦　人間は本来、やる気や向上心、挑戦しようとする好奇心は遺伝子の中に組み込まれている。そのスイッチが入るか入らないかの違いですよ。テレビだってスイッチ入れなきゃ、ただの置物で役に立たないでしょ。

青木　なるほど、そうですよね。

三浦　人間は進化する過程で、木から降りたサルとして、外敵から身を守る社会をつくった。でも、そこだけで満足していたら、木の実はなくなってくるし、自然災害や病気が発生したら絶滅しますから、もっと高い木のある、違う環境を求めて行く連中が出てきたわけです。
つまり、危険を冒しても、美味しい実を採るためには、そうやって高い所、遠い所を目指して、ついに地球をひとまわりしたのが、今の人間社会の原点ですよね。

青木　歴史上でも、そうやって自ら危険を冒した者だけが、美味しい実を発見することが

2008年、エベレスト登頂成功後、ベースキャンプにて。次男豪太と。

できたと。

三浦　そういうことなんです。

だから、人間は本能的に限界を超えて、美味しい実のある高い木だとか、断崖にある鳥の卵だとか、探しに行こうとする冒険心が、我々みんな、遺伝子の中に組み込まれているんですよ。スイッチが入ってないだけでね。

青木　三浦先生がお考えになる、そのスイッチの入れ方は？

三浦　一番最初の話に戻りますけど、本気で夢中になって遊べ、ってことなんですよ。遊んでいるうちにワクワクして、これ、危険だけどやってみたいなって気持ちになる。そこです。

青木　やはりそこが重要なポイントになるんですね。

三浦　かの、ノーベル賞を2回受賞したキュリー夫人が、「科学者は冒険家である」と言ってます。

気が遠くなるほど、繰り返しコツコツと、まるで奴隷のように閃ウラン鉱を分析して、ラジウムとポロニウムを発見したけど、魔法使いの弟子のようなワクワクした気持ちで、未知なるものを発見しようとやっていたんだと言うんですね。

限界を超えた冒険心からすべては始まる

青木　地道な作業の繰り返しも、キュリー夫人は楽しみながら夢中でやっていたということだったんですね。

三浦　冒険心、脳のスイッチが入ってたんですね。そこを突き詰めていこうとすれば、人一倍苦労をするんですよ。みんなと同じ道じゃないから。でも、世界に認められたことって、すべて限界を超えた冒険心から始まってるんです。キュリー夫人は一人きりじゃなかったですけどね。旦那さんと二人三脚で、ずうっと実験を続けてましたから。

青木　一緒に乗り越え、共に達成感を味わえるパートナーがいたということですよね。だから再びチャレンジして、2度のノーベル賞受賞ともなる実験を繰り返すことができた。三浦先生もまた、信頼できるパートナー、ご家族と、80歳でさらなる世界記録にチャレンジされようとしていらっしゃる。

三浦　なんとかね、もう一回登頂を成功させたいと思ってます。

青木　いやあ、ささやかながら、私も応援させていただきます。会社を挙げて。エベレストを登られるのは三浦先生ですけど、私も社員も、心は一緒に登るという気持ちです。サポーターはみなさん、きっとそういう気持ちなんですよね。

三浦　ありがたいですね。そうやって応援していただくことが、不思議とものすごい力になるんですよ。

青木　人の協力なくして物事は成し遂げられないということですね。

「やり遂げたという達成感と至福感は、何物にもかえがたい。
喜びを分かち合い、気づきをくれるのは家族であり仲間」

第六章

生きるとは

自分だけの小さな成功を積み重ねよう

青木　先ほど先生は、目標を見失って魂にまで脂肪がついた、とおっしゃっていましたが、「目標がない、見つからない」という人も多いと思うんですね。そういう人たちが目標を持ち続けるために、どうすればいいとお考えですか。

三浦　大それたことじゃなくて、ちっちゃなことから始めればいいと思うんです。目標を持てればね、誰でも人生変わりますよ。

青木　毎日腹筋を30回やるでも、読書の時間をつくるでもね。

三浦　ええ、身近なところからですね。

ただね、楽しい気分になるものじゃなきゃ続かないんです。例えば「健康になる」って目標を立てたって、ウオーキングしているだけじゃつまんなくなっちゃう。漠然としすぎてるんですね。

その先に、もっと具体的な、いつまでに富士山に登るだとか、いつのフルマラソンで完走するだとか、その日まで楽しんで続けられる目標を決めた方がいいですよね。別に、健康のことじゃなくたっていいし。

青木　何を、いつまでにと、ゴールはできるだけ明確に設定するということですよね。最初は小さなことからでも、続けることができると、それが自信となって「よし、今度はこれをやるぞ」という気持ちが湧いて楽しくなる。つまり、小さな成功を積み重ね、それが自らの成功パターンとなっていくことで、大きな目標達成につながっていくんですよね。

三浦　そうなんですね。ひとつ目標を達成できたら、次の目標、夢、チャレンジに、って向かっていくのが人間なんです。僕も70歳でエベレスト登頂を目標にしたとき、ただ5年もかけてエベレストに、というだけじゃ続かないですから、ひとつひとつ細かく目標を立てたんですよ。

青木　エベレスト登頂に向けた5カ年計画ですか。

三浦　そう、まずね、トレーニングだけじゃなく、どこに行くにも左右の足首に重りを付けて歩くようにしたんですがね、重りを年々1キロずつ増やしていったんです。背中のナップザックにも、同じように10キロから重りを入れて（笑）。

青木　なるほど。

三浦　で、最初は500メートル級の山からスタートして、1年目で1000メートル級の山と富士登山、2年目に6000メートル峰、3年目は7000メートル峰、4

年目に8000メートル峰と、もうひとつ5000メートル峰での高所トレーニングって決めたんです。

青木　そうやって、その年も5年後の目標もはっきりとあったから、どのトレーニングをやってても励みになったというわけです。

三浦　なるほど、トレーニングの負荷を徐々に増やしながら、毎年の目標とする山の高さを決め、難易度を上げていく。わかりやすいですね。

青木　それをね、毎日どれだけやったかって、トレーニングメニューや感想を日記に書くんです。
そうすると、過去にやったことが目に見えてわかるので、「俺はこれだけやったぞ」という自信にもなるし、先々の目標について、ああしたい、こうしたいって夢が膨らむし、目標そのものに愛着が湧いてくるんですね。

三浦　目標への愛着、よくわかります。先生、そう考えるとスポーツもすべてそうですが、セールスも同じです。
私も若い頃はコンプレックスの塊で、自己イメージのものすごく低い人間でしたけど、セールスに徹することを肝に銘じて、目標を持つようになって、それから本当に変わったんですよ。人は誰でも変われるんですよね。

1995年頃。研修トレーナーとして
受講生にメッセージを送る。

翼があっても飛びたいという意思を持たなければ飛べない

三浦　ええ、もちろん。

青木　私にもできたんだから、誰だって変われるんだよ、というメッセージをもっと若い人たちに伝えたいと思うんですよ。

青木　ただ、今まで25万人の人たちに研修をしてきて感じるんですが、そのままにしていたら、ほとんどの人が変われないんです。研修を受けると、そのときは「よし、変わるぞ」と思うわけですが、その気持ちが3日くらいしか持たなくて、再び日常に流されてしまう。目標を達成するには、そのための技術が必要なんですね。でも、本気になれば変われるということを、まず自分自身でしっかりと認識することがスタートですよね。

三浦　そう、誰でも、いつからでも変われる。そこからがスタート。「もう遅い」なんてこともないんです。

青木　自分が「こうなりたいんだ」「これを成し遂げたいんだ」と、強く求めてさえいれば、それがいかなる困難な道であっても、智恵が生まれ、その智恵によって問題を解決できるんですよね。自分の意思でその道を選び取れる。ただ、私は最初からセールスが好きだったわけではないんです。三浦先生は、初めからスキーが大好きでいらしたとおっしゃいましたが。

三浦　ええ、好きでしたね。

青木　私の場合は、ほかに何もなくて、これしかないんだと、無我夢中でやっているうちに営業目標を達成して、トップになって、それで面白みがわかって、だから好きになって、次の道が開けたんだと思うんです。

単に「好き」だからやれる、「好きじゃない」からやらない、と二極化できることではないと思うんです。

三浦　やりたいこと、好きなことがない、わからない、という若い人はけっこう多いですよ。だからって、あれもこれも自分には向いてないとわがままを言って、全部長続きしないようじゃダメなんです。

自分の目の前にあることを、とにかく一生懸命やれるかどうか。それができるかが、分かれ道になるんですよね。

青木　そうですよね。私もただひたすら一生懸命にやって、試行錯誤を続けて、その中から生まれた処世術であったのだという気がしています。

人はどうしても本能として、つらい痛みから解放されたい、快適でいたいという方向に向かってしまいます。

三浦　ええ。

青木　私は身をもって痛みを体験しながら、どうしたら自分が快適になれるか、という状態をつかみ取ったんだと思うんですよ。振り返ると、セールスで自己実現できたことが原点なんですが、これしかできなかったんですね。

三浦　おそらく、最初から適性があったわけではなく、自分で適性にしていったんですね。

鳥だって翼があるから飛ぶんじゃなく、意思があって初めて飛べるんだと、飛びたいという夢を持つから飛べると言いますからね。それは、鳥が初めて羽ばたく瞬間を見てればわかることですよ。木の上から向こう側を見つめて、あそこまで飛んでいくぞ、という意思を持ちますからね。

青木さんも飛びたいと夢を持って、強く願ったから羽ばたけたわけですよ。

青木　ああ、そうですね。先生のおっしゃるとおりです。誰でも翼はあるけれど、強く願わなければ、翼は閉じたままなんですよね。

三浦　そう、目標が高ければ高いほどいいんですよ。あそこの木まで飛ぶぞ、じゃなくて、国境を越えるまで飛んでやるぞとか。山だって、「まあ、富士山くらい登るか」だったら、富士山が限度のトレーニングで終わっちゃうんですよ。「世界最高峰のエベレストに登る」って目標を立てたら、あらゆるものを突き抜けた、世界最高の高さってことでしょ。世界一を目指すんですから、そういう夢の力がつくんです。本当にね、それで人生が変わるんですよ。

青木　なるほど、目標の高さが夢の力をつくるんですね。だから世界一を目指す。それがもう、人間の生命力、そのものなんですよね。

三浦　そう、生きる力、エネルギー。

青木　そこにつながっていくんですね。

三浦　力のスケール感が変わるんですね。10馬力でいいものが、100馬力出さなくちゃって、そこまで目指すように変わっていくんですよ。

青木　目標を高くすることで、生きる力がどんどん強くなっていく。限界を超えてね。先生、私も自分一人だけ、ピンで研修の仕事をしてナンバーワンになろうとしていたんですが、いや、そうじゃないと思ったんですね。仲間と会社を設立して、自分の人生の目的、目標を明確にしました。

そして社員全員とお客様に、よかったと思っていただける。そして、この会社を世界最高峰の人材教育コンサルティング会社にしたいと。

三浦　ああ、それはいいことです。

青木　ですから、社員には、世界最高峰を目指している会社だということを、見せていこうと思ったんですね。それで、Ｆ１のスポンサーになったり、社員全員を富士スピードウェイに連れて行って、「これが世界の最高峰だ」ということを、可視化して、全員の意識下にバーンと入れてもらおうとしたんです。

うちの会社に今、毎年新卒の募集に２万人以上エントリーしてくれるんですが、「世界最高峰」と宣言しなければ、おそらくこういう現象も起きないんじゃないかと思うんです。

三浦　そうですね、はっきりとイメージできないと、ぼやけちゃうんですね。

青木　ただ、目標を「世界最高峰」「世界一になる」と、そこまで宣言するなんて、無理だという人もいると思うんですが、本気で取り組めば、誰でも実現できると言ってもいいですよね？

三浦　ええ、できますよ。超一流になればいいんです。

ザ・ファースト・イズ・フォーエバー

青木　「超一流」ですか。一流とどう違いますか？　先生の定義では。

三浦　どんなジャンルでも、一流の人ってキラキラと輝くものを持っていますよね。99％は努力なんですけど、1％は何か輝くものを必ず持っている。超一流っていうのは、それに評価が加わるんですよね。歴史に名が残るという。

青木　歴史に名が残る、ですね。先生はお名前が残りますものね。

三浦　名が残せるかどうか、大きいと思うんですよ。だって、登山の世界でもね、エベレストに一番最初に登頂したヒラリーとテンジンの名は知られてるのに、いくら苦労をしたって、二番目、三番目の人となると名前が出てこない。その違いです。一番最初の人以上に、体力的、技術的、経済的にレベルが上だった人はいっぱいいたのに、名は残せていないんですから。一番最初の人、つまり「ザ・ファースト」ってそういうことなんですよ。

青木　「ザ・ファースト」。いい言葉ですね。うちの社名にしたいくらいです（笑）。三浦先生はそのことを強烈に意識されてきたからこそ、数々のチャレンジをされ、世界記録を達成されたんですね。

三浦　どんな分野であっても「ザ・ファースト・イズ・フォーエバー」なんですよ。だから、超一流というのは、その時代の想像を遥かに超えて、「なるほど人間はここまでやれるのか」っていう最高のピークパフォーマンスができて、ある意味では運良く時代にマッチして、突き抜けた人なんですね。

青木　だから「記録」じゃなく「記憶」に残るということですよね。

「ザ・ファースト・イズ・フォーエバー」。人々の記憶に残る。本当にそうですよね。でもそれは、体力、技術、経済で一番でなくても、突き抜けることができればなれるんだと。

三浦　そう、まだまだいっぱい、可能性のある分野はころがっていますから。できるんですよ。

青木　誰にでもチャンスはあるんですね。

三浦　あるんですよ。気づいてないだけで。

青木　日本中の若者に「あなただってできるんだよ！」とメッセージを届けたいですね。いやあ、先生から今伺ったお話を、社員たちにも、あと、今夜家に帰ったら息子に話さないと。息子は10歳なんですけどね。

三浦　ははは……。

青木　なにかこう、若者たちが、ザ・ファーストを目指すというところに、日本の活性化であるとか、いい意味での世界との競争であるとか、世の中をよくしていくイメージがありますね、先生。

三浦　ありますね。そうやって挑戦することが、世の中を元気にしていきますよ。もっともっと出てきてほしいですよね。

スポーツの世界でも、見ているとわかるんです。タイトルを取ったり、トップになるタイプは、基本的にプラス思考で明るくて性格がいい。やはり、そういう連中は伸びる可能性があるってことなんです。本当に強いやつ、優秀なやつってね、思いやりがあるんですよ。

青木　三浦先生と一緒ですね。

三浦　逆に中途半端に体力や気力がないやつが、自分勝手というか、「俺だけ勝てばいい」みたいなところがあったりする。本当にできる人間は体力気力、気持ちの余裕もあるんで、やはり人を引っ張っていくことができるんですね。

青木　確かに、そこは先ほどの人間力じゃありませんが、比例している部分がありますね。「自分だけよければいい」と考えているうちは、真のウイナーになれない。

2008年5月26日、75歳でのエベレスト登頂成功を記念して。

2010年、パナソニック以来18年ぶりに
「アチーブメント全日本F3選手権」としてメインパートナーに就任。

ザ・ファーストを目指すような若者が増えたら、理想的ですよね。「歴史に名を残す」という壮大な夢があって、そのチャンスは誰にでもある。どんな隙間でもいいから、まずは自分の得意分野から、いろいろと想像を巡らせて考えてみればいいわけですよね。

三浦　どこなら自分が名を残せるか、ね。

青木　「ザ・ファースト・イズ・フォーエバー」。いいなあ。私も100人の部隊で山を登っていますけど、それを500人規模の登山部隊にして、頂点を目指したいですね。目標は72歳でなんですけどね（笑）。

三浦　今の私より若いじゃないですか。全く問題なし（笑）。

青木　そこで頂上に登ったら、社員全員で手を取り合って喜んで、「よかったね、思考は実現するんだね、みんなでやったんだよ」って、お祝いしたいですね。シャンパンでもかけあって。あ、山の頂上だからシャンパンは無理ですが（笑）。そして、うちの会社を応援してくださったみなさんに「よかった」と思ってもらいたいなあ。

三浦　夢が膨らみますね。

人生とは、命を表現すること

青木　ええ、本当に。私も55歳ですが、先生のおかげで、またここからの夢が膨らみました。

三浦　超一流を目指すなら、まずそういう人たちを見て、接したり話したりするのもいいですよね。会えないんだったらその人の本を読むとか、ＤＶＤを観るんでもいいし。

青木　三浦先生が下積み時代、世界のトップレベルの方々に会いに行って、お話を聞かれたように。私も一流の経営者の方々にお会いする機会が多いですが、非常に刺激を受けますよね。

三浦　そうです。そうやって夢を膨らませてますます大きなエネルギーにする。

青木　それから、先生のようにスポーツだと体を動かすので、心・技・体とバランスが取れますが、スポーツ以外のビジネスやほかのことで目標を持つ人は、体を動かさないでいると、バランスを崩してストレスをためやすくなってしまうと思うんですね。

毎日体を動かす、フィジカルに向かうといいですよね。

三浦　体はすべての基本ですから、動かしてないといけませんね。

青木　あと、とにかく私は早起きを推奨しています。私自身、必ず毎朝、電車で学校に通う息子を駅まで送ってから、決まったカフェの決まった席で、自分の人生の目的、目標、その日にすべきことまで必ず見るようにしているんです。毎日欠かさない習慣です。

そうやって1日のシミュレーションをして、脳にスイッチを入れるんですね。ですから、早起きをするだけでも間違いなく人生変わるよと、いつも話しているんですが。

三浦　僕の日記もそうですけど、見たり書いたりすることはすごくいいですね。毎日習慣にするということも、非常に大事だし。

青木　私からもいろいろとアドバイスをすることはできるんです。目標を達成する技術も教えることができる。でも、声の届かない、どうすればいいんだと、悶々としている人、特に20代、30代の若者たち。

そういう人たちに対して、三浦先生のように、一度の人生を燃焼し尽くして生き抜こうとされるには、どうしたらそうなれるか、よろしかったらアドバイスをいただけますか。

三浦　単純なことなんですよ。原則はすべて一緒なんです。目の前のことに一生懸命になって、汗かいてとにかくやるんだと。そういうことです。一生懸命やらないで、汗もかかないで、いい加減にやってるうちは、誰もその人の話は聞いてくれない。自分に対しても説得力がないでしょ。

青木　自分に説得力のある生き方をするってことですね。

三浦　俺はこれだけやったんだという生き方ね。それが自分に対して自信になりますよね。それがあれば誰だって強くなれます。

青木　そうですよね。とにかく逃げないで、目の前のことを一生懸命に。

三浦　そこまでやったって簡単には評価されないですよ。世の中ってそんな甘くない。でも、そこで諦めちゃ終わりです。どうやったら評価されるのか、もう一回考えてみて、また一生懸命やってみる。それを繰り返しやっていれば、「ああ、これだ」っていう手応えがつかめるんです。

青木　確かに、そういう瞬間がありますす。

三浦　それを見つけるまで、汗かいて一生懸命にやるしかない。それでも何度も失敗はしますから。それでもめげないで繰り返す。

青木　諦めない、どこまでも折れない心で諦めない。「自分はこうしたいんだ」という目的、目標を持って、一歩一歩、そこに向かっていくことですよね。

三浦　人生とは命を表現することなんです。「もうそろそろいいかな」というのはないんですよ。死ぬ気になればなんでもできます。

青木　でも、死んでしまった方が楽だと思う場面はいくらでもあるんですよ。

三浦　先生でもそう思われるんですか？

青木　もちろん、死んでしまいたいと思うことは何度もあるんですよ。エベレストに向かう本番前だって、情けないくらい、ものすごく弱気になるんですよ。生きる方が大変なんです。生き抜いていくことの方がね。

三浦　ええ、生き抜いていくことは大変です。

青木　ただね、死ぬのは最後でいいって、生きることの方に懸けるんです。そうやって開き直る。今、ここに生きていて、挑戦できるということそれ自体が、命あってのことで、大勢の協力があってのことで、ありがたいんですから。

三浦　一歩一歩、ゆっくりでもいいから、歩いていけば必ずや頂上にたどり着くんです。失敗したらまた、登り直せばいい。

青木　一歩一歩、確実に歩き続けていれば、必ず夢の頂上にたどり着く。そうですね。三浦先生、今日は夢と勇気と生きる力をいただくお話を、本当にどうもありがとうございました。たくさんの素晴らしい刺激をいただきました。

三浦　こちらそ、楽しかったですよ。ありがとうございました。

青木　先生の力強い生き方とお言葉が、若者たちの心に届いてくれることを願ってやみません。私も80歳のエベレスト登頂の挑戦を心から応援させていただきますので、またぜひ、お話をさせていただけましたら光栄です。

三浦　ありがとうございます。僕も頑張りますので、青木さんも頑張ってください。ぜひまたお会いしましょう。

「人生とは命を表現すること。
一歩一歩確実に歩いていけば、
必ずや、夢の頂上にたどり着くことができる」

高く遠く、永遠にたどり着けないような遠い山
あきらめなければ　登りつづけられる
一歩ずつ　いつか夢の頂上へ
そう思うも　現実ははるかに厳しい
死力を尽くして　不撓《ふとう》不屈
根性　情熱を燃やして
限界を超えて　登りつづける

三浦雄一郎　日記より

おわりに

三浦さんは、人に対する思いやりの深い、誠実な方でした。一方で、自分自身に対しては、決して妥協を許さない、厳しい方でもありました。

私はこれこそが、真のウィナーとなる人の資質ではないかと思いました。

頂点に立てる人とは、いわゆる「勝ち組、負け組」というカテゴリー分けをすれば、「勝ち組」の頂点に立つ人でもあります。

しかし、頂点に立てる人というのは、「自分さえよければいいから、他人をけ落としてでも、勝って頂点に立つのだ」という自己中心的な「勝ち」とは全く正反対の、「まずは相手のため、仲間のために」という、利他的精神に満ちた、自己を犠牲にできる強さがもたらす「勝ち」を知っている人なのです。

つまり、自己中心的な考えに捉われているうちは頂点に立てない。誠実さと思いやりがなければ、実現しないということになります。

強い人というのは、弱い人を守ろうとするために強くなるのであって、真のリーダーは重い荷物を背負える人なのだと、三浦さんの生き様を通して私も教えられた気がします。そしてまた私自身も、真のリーダーとして、さらに自身を磨き、社員たちをしっかり導きながら共に頂点を目指し、すべてのお客様に「御社にお願いしてよかった」と満足していただけるようにしたいと、心を新たにした次第です。

今の世の中、自分のことに精一杯だから、他人をかまっている暇などないと言われてしまうかもしれません。だからこそ、他人への誠実さ、思いやりを持てる人が光るのです。何ら難しいことをするわけではありません。自分がしてほしいと思うことを人にしていけばいいだけのことなのです。

私は20代の前半まで、自分さえよければいい、他人をけ落としても自分が勝ちたいという、非常に自己中心的な性格の人間でした。しかし、様々な経験を通して変わりました。セールスとマネージャーの経験を通して、エデュケーションは教えることではなく、引き出すことであるとわかったのです。

自分の能力や可能性にも気づき、それを表現していく喜びを知ると同時に、人が気づきを得て変わっていくことを手伝う喜びも知りました。

貧しさや劣等感や負の思いこみ、悩み、苦しみから次第に解放され、自分がよくなっていくことと、人がよくなっていくことが、ゲームのように楽しくなっていったのです。

三浦さんがおっしゃっていたように、仲間と苦しみを越えて得る達成感というのは、何物にもかえがたいものです。その宝物を得るには、まず人に対して与える気持ちから出発しなければならないと思うのです。そこから自らの成長が始まり、成長の果実として成功というご褒美が自分にも与えられるのではないでしょうか。

どうかこの本が、多くの人たちの心に響き、真のリーダーでありウィナーを目指す人々が増えてくれることを願ってやみません。

この度は、貴重な対談をさせていただき、三浦さんには感謝の気持ちでいっぱいです。この場を借りてお礼を申し上げると同時に、80歳のエベレスト登頂を心より応援させていただきたいと思います。

２０１０年7月吉日　青木仁志

三浦雄一郎（みうら・ゆういちろう）

プロスキーヤー　クラーク記念国際高等学校校長
株式会社　ミウラ・ドルフィンズ 代表取締役
株式会社　三浦雄一郎事務所 代表取締役
社団法人　全国森林レクリエーション協会会長
特定非営利活動法人　グローバル・スポーツ・アライアンス理事長
財団法人　こども教育支援財団副理事長
元運輸省策道規則等検討会委員、元総理府青少年問題審議会委員、他

1932年10月青森県青森市生まれ。1964年イタリア・キロメーターランセに日本人として初めて参加、時速172.084キロの当時の世界新記録樹立。1966年富士山直滑降。1970年エベレスト・サウスコル8,000m世界最高地点スキー滑降（ギネス認定）を成し遂げ、その記録映画『THE MAN WHO SKIED DOWN EVEREST』はアカデミー賞を受賞。1985年世界七大陸最高峰のスキー滑降を完全達成。2003年次男（豪太）とともにエベレスト登頂、当時の世界最高年齢登頂記録（70歳7カ月）樹立（ギネス認定）。2008年、75歳にして2度目のエベレスト登頂成功（70代2度目人類初）。アドベンチャー・スキーヤーとしてだけでなく、行動する知性派、また教育者として国際的に活躍中。

記録映画、写真集、著書多数。

青木仁志（あおき・さとし）

アチーブメント株式会社代表取締役社長
アチーブメント出版株式会社代表取締役社長
特定非営利活動法人 日本リアリティセラピー協会　専務理事
社団法人 生命保険ファイナンシャルアドバイザー協会　理事
社団法人 日本ペンクラブ　正会員・国際ペン会員
法政大学大学院 政策創造研究科 客員教授
東京中央ロータリー・クラブ会員、他

1955年3月北海道函館市生まれ。1987年、選択理論心理学を基礎理論とした人材教育コンサルティング会社「アチーブメント株式会社」を設立、代表取締役社長に就任。創業スタッフ5名でスタートした会社は、グループ子会社2社を含めて、現在では100名体制へ。創業以来、堅実着実に成長発展を続けている。同社は、2009年に朝日新聞に掲載された新卒学生が入社したい企業ランキング25位にランクインするなど、多くのメディアにも取り上げられている。また、自ら講師を務める「戦略的目標達成プログラム『頂点への道』講座」は、講座開講以来、19年間で連続500回開催し、新規受講生は2万名を超える。その他、研修講師として、会社設立以来、25万名以上の方々の研修を担当。29冊目の著書『一生折れない自信のつくり方』は7万部を超えるベストセラーとなり、注目を集めている。専門分野は人材開発、キャリア開発、組織開発、営業力強化、選択理論心理学など。2010年度より法政大学大学院　政策創造研究科　客員教授に就任。その活動の幅を広げている。

また、アチーブメント株式会社は、世界3大イベントと言われるF1の「2008年F1日本グランプリ」において、名門チーム・ウィリアムズのスポンサーとして選ばれ、2010年にはパナソニック以来18年ぶりに「アチーブメント全日本F3選手権」としてメインパートナーに就任。F1ドライバー育成のため、スカラシップ制度を新設し、22年間培ってきた独自の研修技術を活かして世界に羽ばたく若者を育てるプロジェクトを推進している。

著書は、2009年11月25日に発刊された『一生折れない自信のつくり方』、『伝達力』（ともにアチーブメント出版）をはじめ、29冊。
うち9点が海外（韓国で2冊、台湾で3冊、中国で4冊）でも翻訳され刊行中。

この本を読んでいただき、ありがとうございました。
ご質問等がある方は、左記のメールアドレスまで何なりとお寄せください。
皆さまとの出会いを楽しみにしております。　青木仁志

E-mail：speaker@achievement.co.jp

「青木仁志のブログ」公開中！　http://www.achibook.co.jp/blog
青木仁志オフィシャルサイト　http://www.aokisatoshi.com

頂点を目指す者たちへ

2010年(平成22年)7月31日　第1刷発行

著　者　三浦雄一郎、青木仁志
発行者　塚本晴久
発行所　アチーブメント出版株式会社
〒141-0022　東京都品川区東五反田3-1-5
TEL　03-3445-0911
FAX　03-3445-6511
http://www.achibook.co.jp

印刷・製本　大日本印刷株式会社

ISBN 978-4-902222-92-0